Temas Especiais de Direito Individual do Trabalho

José Araujo Avelino
Organizador

Temas Especiais de Direito Individual do Trabalho

LTr

LTr EDITORA LTDA.
© Todos os direitos reservados

Rua Jaguaribe, 571
CEP 01224-001
São Paulo, SP — Brasil
Fone: (11) 2167-1101
www.ltr.com.br
Julho, 2015

Projeto Gráfico e Editoração Eletrônica: Peter Fritz Strotbek
Projeto de Capa: Fabio Giglio
Impressão: Pimenta Gráfica e Editora

Versão impressa: LTr 5304.5 – ISBN 978-85-361-8511-8
Versão digital: LTr 8756.5 – ISBN 978-85-361-8500-2

Dados Internacionais de Catalogação na Publicação (CIP)
(Câmara Brasileira do Livro, SP, Brasil)

Temas especiais de direito individual do trabalho / José Araujo Avelino, organizador. -- São Paulo : LTr, 2015.

Bibliografia.

1. Direito do trabalho 2. Direitos individuais 3. Relações de trabalho I. Avelino, José Araujo.

15-04672   CDU-34:331

Índice para catálogo sistemático:

1. Direito do trabalho   34:331

Sumário

Prólogo 7

Apresentação 9

1. As estabilidades provisórias no direito do trabalho como garantias protetivas no emprego
   José Araujo Avelino 11

2. O assédio moral na relação laboral: Brasil e Argentina
   Alysson Amorim Quaresma 23

3. Prevenção e erradicação do trabalho infantil
   Camilli Meira Santos Silva 31

4. A possibilidade legal de o empregado ser remunerado de forma variável ou participar nos resultados de entidades sem fins lucrativos no Brasil
   Carlos José Kurtz 41

5. Duração do trabalho e a importância do limite
   Francisco Claudio Alves de Araújo 51

6. Demissão humanizada: uma ação estratégica para evitar possíveis ações trabalhistas
   Eliabe Serafim de Araújo 63

7. A necessidade de tratamento diferenciado e favorecido às relações de trabalho nas microempresas e empresas de pequeno porte
   Luciana Nunes Freire 71

8. O Direito do Trabalho frente às novas tecnologias: a proibição do uso do celular no ambiente de trabalho
   Roberta Carolinne Souza de Oliveira 81

9. Horas extras — ônus ou bônus
   Telma Regina da Silva 87

10. A constitucionalidade da obrigatoriedade das comissões de conciliação prévia no direito laboral brasileiro
    Vanderleia Lopes da Silva 95

Prólogo

Este grupo de autores se conheceu em janeiro de 2014, no Mestrado em Direito do Trabalho e Relações Laborais Internacionais da Universidade Nacional Três de Fevereiro, na República Argentina.

Unidos pelo mesmo sonho de se aperfeiçoar no estudo do Direito do Trabalho, decidiram prosseguir estudos de pós-graduação em nosso país.

O Mestrado em Direito do Trabalho e Relações Laborais Internacionais foi aprovado pelo Conselho Superior da UNTREF em 2002 (Res. n. 15, de 21.8.2002). Em 2004, a ele foi concedido o reconhecimento oficial e validade nacional para o título de Mestre em Direito do Trabalho e Relações Laborais Internacionais (Res. Min. n. 743/04), com acreditação conferida pela CONEAU (Res. n. 20, de 25.2.2004 – Órgão semelhante à CAPES no Brasil). O Mestrado foi reavaliado pela CONEAU (Res. n. 319, de 21.5.2010), com elogiosos conceitos.

O currículo do Mestrado inclui, por um lado, estudo teórico e prático do Trabalho e da Seguridade Social, e por outro, as Relações de Trabalho argentino e as relações Laborais Internacionais. Discute-se o estudo da dimensão sociolaboral dos processos de globalização e regionalização e a integração regional na Europa e na América Latina, o que necessariamente se vincula com o estudo das principais instituições do Direito do Trabalho comparado.

No âmbito do Instituto de Estudos Interdisciplinares de Direito Social e das Relações de Trabalho (IDEIDES) foi desenvolvida pelos autores desta obra uma investigação intitulada *Trabalho infantil no Brasil e na Argentina: proibição ou proteção?* sob a direção do Dr. Julio Armando Grisolia e codireção da Dra. Paula Sardegna.

Nesta obra que se próloga, estão sendo abordados temas do Direito Individual do Trabalho de indubitável atualidade tanto no Brasil como na Argentina: *As estabilidades provisórias no Direito do Trabalho como garantia protetivas no emprego; o assédio moral na relação laboral: Brasil e Argentina; prevenção e erradicação do trabalho infantil; A possibilidade legal de o empregado ser remunerado de forma variável ou participar nos resultados de entidades sem fins lucrativos no Brasil; Duração do trabalho e a importância do limite; demissão humanizada:* uma ação estratégica para evitar possíveis ações trabalhistas; *a necessidade de tratamento diferenciado e favorecido às relações de trabalho nas microempresas e empresas de pequeno porte; o Direito do Trabalho frente às novas tecnologias: a proibição do uso do celular no ambiente de trabalho; horas extras — ônus ou bônus* e *a constitucionalidade da obrigatoriedade das comissões de conciliação prévia no Direito Laboral brasileiro.*

Desde a direção e a coordenação do Mestrado, destacamos a participação desses alunos em nossas salas de aula.

Cada um destes mestrandos deixou pegadas de destaque na Universidade Nacional Três de Fevereiro, na República Argentina.

Argentina, Buenos Aires, maio de 2015.

Dra. Paula Costanza Sardegna

Dr. Julio Armando Grisolía

Apresentação

É com imensa alegria que apresento o presente livro abordando temas diversificados no fascinante ramo do Direito Individual do Trabalho. Trata-se de um trabalho coletivo e de reflexão de cada autor que, certamente, irá ajudar a esclarecer cada tema proposto.

Os autores são Mestrandos em Direito do Trabalho e Relações Internacionais Laborais da Universidade Nacional Três de Fevereiro (UNTREF) de Buenos Aires (Argentina) e, por isso, a razão de ser da presente obra.

Não podemos esquecer de agradecer ao nosso Diretor do Mestrado o Dr. Julio Armando Grisolía, ao sub-diretor do Curso o Dr. Pedro Nuñez e à Coordenadora do Mestrado a professora e Dra. Paula Sardegna, assim como aos demais professores pelos relevantes ensinamentos adquiridos no Mestrado na UNTREF.

Por fim, agradeço aos colegas do mestrado pela amizade e pela dedicação, senão este livro não estaria ao alcance dos leitores para que possam desfrutar das ideias inseridas nesta obra.

Esperamos que todos tenham um bom proveito e uma excelente leitura!

José Araujo Avelino
Coordenador/autor

1. As estabilidades provisórias no Direito do Trabalho como garantias protetivas no emprego

José Araujo Avelino[(*)]

1. Introdução

A Revolução Industrial (século XVIII) ficou conhecida em todo o mundo pela passagem da indústria da manufatura para a indústria mecânica, para atender às demandas do setor têxtil e de mineração que passam a produzir em série, assim como na invenção de navios e de locomotivas a vapor, que acelerou a circulação das mercadorias e o consequente aumento do capital do empresariado naquela época.

Como a intenção era aumentar o lucro, os empresários submetiam os trabalhadores a duras condições de trabalho, sem oferecer nenhum tipo de direitos ou garantias. Os trabalhadores recebiam, em troca dos serviços prestados as mercadoria para sobreviver, sem falar ainda dos constantes acidentes sofridos no trabalho pelas altas jornadas de trabalho, em condições insalubres e perigosas.

Diante da rigidez imposta pelos empregadores, os trabalhadores começaram a se organizar por segmento de atividade em busca de direitos trabalhistas. Criaram sindicatos e centros de formação mútua para um ajudar o outro, até que no dia 1º de maio de 1886, em Chicago (EUA), ficou reconhecido o Dia do Trabalho, depois de muitas lutas. A partir de então, nascem as greves para reivindicar seus direitos, dando margem, assim, ao aparecimento dos contratos coletivos de trabalho que continham regras que protegiam os trabalhadores, como a limitação da jornada que era indefinida.

No Brasil, entre 1917 e 1920, houve um ciclo de greves, provocadas pela **carestia** gerada pela Primeira Guerra e influenciadas pela Revolução de Outubro na Rússia.

O principal motivo para a criação da estabilidade no emprego deveu-se à necessidade de assegurar o custeio do sistema previdenciário, advindo dos recursos das contribuições previdenciárias do empregado e empregador, como forma de dificultar as dispensas, o que só era possível com o emprego de mão de obra permanente[(1)].

A Lei Eloy Chaves (1923) constituiu um marco histórico na implementação da estabilidade no emprego no Brasil no setor privado, em que o representante era eleito pela categoria dos ferroviários e que "as ferrovias eram poucas, mas poderosas, e tinham

---

(*) Advogado e professor de Direito do Trabalho, Processo do Trabalho e Direito da Seguridade Social na Universidade do Estado da Bahia – UNEB. Pós-graduado em Direito do Trabalho. Mestrando (Projeto Aprovado) em Direito do Trabalho e Relações Laborais Internacionais pela Universidade Nacional de Três de Fevereiro (UNTREF). Doutorando Regular em Direito do Trabalho pela Faculdade de Direito da Universidade de Buenos Aires.

(1) BARROS, Alice Monteiro de. *Curso de direito do trabalho*. 7. ed. São Paulo: LTr, 2011. p. 767.

grande número de empregados. Os empregados mais velhos ficavam sujeitos a doenças e a dispensas antes dos outros empregados" (MARTINS, 2000. p. 354).

Com a criação da Lei Eloy Chaves, instituiu-se a estabilidade provisória para os trabalhadores que atuavam como ferroviários; os que tinham 10 anos de serviços efetivos junto ao mesmo empregador, não podiam ser dispensados, salvo, em casos de falta grave, comprovada em inquérito judicial, o que dificultava as dispensas.

A política trabalhista da Era Vargas (1930-1945), a carência de leis, direitos e a frágil organização operária permitiram que o Estado passasse à condição de árbitro, mediando as relações entre capital e trabalho.

Com isso, a estabilidade passou a ser estendida a trabalhadores de outras categorias, como definido na Lei de n. 5.109/26, para os trabalhadores de navegação marítima ou fluvial; os portuários no Decreto n. 17.940/27; Decreto n. 20.465/30, para os empregados de empresas de transportes urbanos, luz, força, telefone, telégrafos, água e esgoto instituída; aos mineiros com o Decreto 22.096/32. Aos bancários, Decreto n. 24.615/34, este último com direito a estabilidade aos dois anos de serviço, revogado, por conseguinte, pelo art. 919 da CLT.

Na era do governo Vargas, foi criado o Ministério do Trabalho, Indústria e Comércio e a Justiça do Trabalho para arbitrar conflitos entre patrões e empregados. Instituiu-se uma extensa legislação de caráter assistencialista para o proletariado urbano, apresentando-se como "doador" dessas leis, incorporadas à Constituição de 1934 e, posteriormente, organizadas na CLT (Consolidação das Leis do Trabalho), que em 10 de novembro de 1943 passou a ter vigência, para reger as relações de trabalho e que se encontra em plena aplicação na atualidade.

Em 1935, com o instituto da Lei n. 62, essas garantias estenderam-se também para os industriários e comerciários, desde que completassem 10 anos de serviço no mesmo emprego. Contudo, a Carta de 1937 foi a primeira a tratar da estabilidade, incluída no seu art. 137, alínea "f", e então a CLT passou a disciplinar a estabilidade nos arts. 492 ao 500, a partir de 1943. Por conseguinte, a Constituição Federal de 1946 dispôs em seu art. 157, XII, assegurando a estabilidade também na "empresa ou exploração rural". A Constituição de 1967 optou por um sistema alternativo entre estabilidade e FGTS, já que, com a promulgação da Lei n. 5.107/66 sobre o FGTS, o sistema de estabilidade ficou enfraquecido; nesse sistema o trabalhador optaria por estabilidade com indenização ou fundo de garantia equivalente, porém as empresas só admitiam trabalhadores optantes pelo FGTS.

É importante deixar claro que as normas vigentes que disciplinam as relações trabalhistas foram criadas, principalmente, com a intenção de proteger o empregado, por ser a pessoa dotada de hipossuficiência em relação ao empregador, ou seja, o empregado sempre se encontra em situação de desvantagem economicamente perante o seu empregador. E é por isso que o Direito do Trabalho tem como regra basilar a proteção do trabalhador em relação aos direitos conferidos pela legislação. Essa afirmação não significa dizer que o empregado esteja livre de cumprir suas obrigações e responsabilidades para com o empregador. Ambos possuem direitos e deveres na relação contratual.

No âmbito do Direito do Trabalho o que rege é o princípio da continuidade da relação de emprego, ou seja, os contratos de trabalho, em regra, possuem prazo indeterminado e, por essa razão, a legislação pátria criou meios para proteger o empregado em determinados casos, como a estabilidade no emprego, objeto do nosso estudo, ou seja, uma espécie de garantia do vínculo empregatício, pois inclui todos os atos e normas criados pelos instrumentos jurídicos vigentes; assim sendo a Constituição Federal, o Código Civil, a Convenção Coletiva etc., no sentido de impedir ou dificultar a dispensa imotivada, isto é, sem justa causa, ou arbitrária, do trabalhador.

Com o advento da Constituição Federal de 1988, art. 7º, inciso I, o sistema de estabilidade decenal no emprego foi eliminada do cenário jurídico, salvo o direito adquirido dos trabalhadores por contarem com 10 anos de serviço na mesma empresa e não terem optado pelo regime FGTS, passando a vigorar as estabilidades de empregados públicos depois de cumprido o disposto no art. 41 da CF-88 e empregados do setor privado, regidos pela CLT e as leis esparsas.

2. Estabilidade e Garantia de Emprego

O conceito da palavra estabilidade é bastante amplo e comporta diversos entendimentos nas diversas áreas do saber. Em latim, denomina-se "stabilitate", de cuja ideia extrai o sentido de segurança, firmeza ou até mesmo fidelidade.

No campo jurídico *lato sensu*, a estabilidade é o limite imposto pela norma na aplicação do direito e, está diretamente vinculada ao princípio da segurança jurídica a fim de evitar injustiças para toda a sociedade trabalhadora e no momento de o julgador dizer o direito.

Para o Direito do Trabalho a estabilidade é o direito do empregado de manter-se no seu emprego, independentemente da vontade do empregador, quando este fica impedido, temporária ou definitivamente, de dispensar o empregado sem justa causa, salvo motivo relevante (falta grave ou força maior), sob pena de ver-se obrigado a reintegrá-lo por força da lei ou do contrato.

Para mais bem visualizar, um exemplo de garantia de emprego é o disposto no art. 429 da CLT, que assegura o emprego a menores aprendizes na indústria. E o art. 93 da Lei n. 8.213/91, que estabelece que as empresas com 100 empregados ou mais ficam obrigadas a preencher de 2% a 5% de seus cargos com pessoas com deficiência.

A estabilidade no setor privado e a estabilidade no setor público diferem no sentido de que aquela era adquirida quando o empregado completava 10 anos na empresa, prevista nos arts. 492 a 500 da CLT. Contudo, o funcionário de setor público torna-se estável após três anos de exercício efetivo, como previsto no art. 41 da Constituição Federal de 1988, excetuando-se dessa regra os empregados das empresas públicas e das sociedades de economia mista, que são regidos pela CLT.

Ainda que a doutrina e a jurisprudência utilizem a expressão *estabilidade provisória* ou *estabilidade especial*, "o nome adequado para esta forma de estabilidade deveria ser garantia de emprego, pois se é provisória, não poderá ser estabilidade, havendo, portanto, contradição entre os termos" (BARROS, 2011. p. 774).

Em síntese, a garantia de emprego é provisória, pois o empregador pode dispensar o empregado no momento em que entender, devendo, portanto, pagar as verbas indenizatórias previstas na CLT. A estabilidade é definitiva, porque o empregador está obrigado a manter o contrato de trabalho com o empregado durante o período mínimo legal, exceto se pagar as indenizações e multas decorrentes do contrato pelo período em que o empregado ficaria prestando serviço ou à disposição do empregador.

3. Classificação das Estabilidades

Como já abordado, as estabilidades são conferidas aos empregados, não aos empregadores e se subdividem em: a) estabilidade definitiva, isto é, produz efeitos para toda a relação de emprego; e b) estabilidade transitória, ou seja, somente enquanto persistir uma causa especial que a motive.

Em relação à classificação, destacam-se dentre as diversas formas de estabilidade no emprego: a) legal, como o próprio nome já diz, está prevista em lei; b) contratual, que é prevista em contrato individual de trabalho, convenção ou acordo coletivo e a instituída no regulamento de empresa.

A estabilidade está prevista nos arts. 492 a 500 da CLT, como sendo uma garantia de emprego, válida por prazo estipulado em lei. É o caso dos dirigentes sindicais, cipeiro, gestante, acidentado etc. A estabilidade é aquela pela qual, uma vez que o empregado alcança esse direito, o empregador não mais pode despedi-lo, salvo motivo previsto em lei.

A Estabilidade Definitiva também é conhecida como própria ou absoluta, o que significa que o empregado só pode ser dispensado em situações previstas na lei ou em casos de justa causa, apurada por meio de inquérito judicial de falta grave, previstos nos arts. 853 a 855 da CLT, e não mais subsiste no setor privado.

Por seu turno, a Estabilidade Provisória, também chamada de imprópria ou relativa, tem-se como um meio temporário da garantia de emprego, permitindo-se a dispensa do empregado a qualquer momento, excetuadas as hipóteses previstas no art. 165 da CLT, ou, ainda, no caso de aprendiz, disposto no art. 433 da CLT.

4. Espécies de Estabilidades

Vimos que as estabilidades são tratadas pela doutrina com terminologias diferentes, com os mesmos significados e que nada altera o sentido dos institutos. Por questões acadêmicas, se usarão as nomenclaturas de **estabilidades definitivas** e **estabilidades provisórias** para diferenciar a divisão das espécies, conforme passamos a expor a seguir:

4.1. Estabilidades Definitivas

Conforme prevê a legislação, as estabilidades definitivas representam uma limitação do direito potestativo do empregador no momento da despedida do empregado sem justa causa, ou seja, o empregador só poderá efetuar a dispensa do empregado quando configurada a justa causa, devidamente comprovada por meio de processo judicial de apuração de falta grave, conforme arts. 853 a 855 da CLT.

A afirmação acima remete à ideia de que o empregador é obrigado a manter o contrato de trabalho com o empregado mesmo contra a sua vontade. E assim o é, pois o empregador deve permanecer com o contrato de trabalho em plena vigência, depois que o empregado adquire os requisitos para ter em seu favor a estabilidade definitiva.

Mas a pergunta que nos deixa inquieto é a seguinte: o empregador não quer manter o contrato de trabalho com o empregado por entender que não há mais clima entre ambos e que pode gerar problemas no ambiente de trabalho. Nesse caso, pode o empregador dispensar o empregado, detentor da estabilidade definitiva?

De maneira geral, seguindo a literalidade da lei, não pode o empregado ser dispensado. No entanto, vislumbrando o poder diretivo que o empregador possui, ele não é obrigado a manter o empregado, mesmo que este seja detentor de estabilidade definitiva, na sua empresa.

Nesse caso, o empregador terá que dispensar o empregado sem justa causa e pagar as indenizações previstas na recisão do contrato de trabalho, mais a indenização correspondente ao período em que o empregado estiver acobertado pelo direito a ser assegurado.

4.1.1. Estabilidade Decenal

Tratava de uma hipótese de estabilidade definitiva, com previsão nos arts. 492 ao 500 e do arts. 853 ao 855 da CLT nos seguintes termos.

Antes do ano de 1990, e de acordo com o art. 492 da CLT, o empregado que contasse com mais de dez anos de serviço na mesma empresa não poderia ser dispensado senão por motivo de falta grave ou situação de força maior, devidamente comprovada.

Assim, embora a CLT ainda preveja esta hipótese, a referida estabilidade foi extinta porque passou a ser considerado o regime do FGTS, criado pela Lei n. 8.036/90. Portanto, o art. 492 da CLT não possui mais eficácia na atual regra trabalhista.

4.2. Estabilidades Provisórias

Enquanto nas estabilidades definitivas é proibido ao empregador dispensar o empregado por vontade própria, o legislador também criou as estabilidades provisórias ou temporárias com a finalidade de também proteger o empregado em algumas circunstâncias, como passaremos a analisar a seguir.

4.2.1. Dirigentes Sindicais

A norma jurídica optou por preservar o emprego de tais trabalhadores a fim de evitar que o trabalhador sofresse represálias do empregador pelo fato de o dirigente postular direito para a categoria e, para que o mesmo pudesse desempenhar suas funções com independência, não sendo, portanto, uma garantia pessoal do empregado. A garantia de estabilidade aos dirigentes sindicais, está assegurada pelo art. 8º, VIII, da Constituição Federal:"[...] é vedada a dispensa do empregado sindicalizado a partir do registro da candidatura a cargo de direção ou representação sindical e, se eleito, ainda que suplente, até um ano após o final do mandato, salvo se cometer falta grave nos termos da Lei".

E, desde antes, já vinha contemplada no art. 543, § 3º, da CLT:

"[...] Fica vedada a dispensa do empregado sindicalizado ou associado, a partir do memento de registro de sua candidatura a cargo de direção ou representação de entidade sindical ou de associação profissional, até 1 (um) ano após o final do seu mandato, caso seja eleito, inclusive como suplente, salvo se cometer falta grave devidamente apurada nos termos desta Consolidação".

Vale ressaltar que essa estabilidade prevista no art. 8, VIII, e no art. 543, § 3º, da CLT, é assegurada somente aos dirigentes de sindicato, e não aos dirigentes de simples associações. Não é válido falar em extensão da garantia da estabilidade, isto é, de garantia de emprego por mais um ano, ao dirigente sindical que for destituído de suas funções não concluindo o seu mandato, visto que, na Lei, a extensão é somente autorizada "após o final do mandato".

Acerca da estabilidade provisória do dirigente sindical, cabe ainda destacar a Súmula n. 369, I, do TST, "[...] É indispensável a comunicação, pela entidade sindical, ao empregador, na forma do § 5º do art. 543 da CLT". Bem como, o inciso IV da mesma Súmula: "[...] Havendo extinção da atividade empresarial no âmbito da base territorial do sindicato, não há razão para subsistir a estabilidade". Por fim, o inciso 5º da mesma Súmula, dispõe sobre a hipótese de "[...] candidatura no período de aviso-prévio, ainda que indenizado, não lhe assegura a estabilidade, visto que inaplicável a regra do § 3º do art. 543 da CLT".

4.2.2. Membros da CIPA — Comissão Interna de Prevenção de Acidentes

O objetivo da garantia de emprego ao "cipeiro" se dá para que o empregador não venha a prejudicar ou dispensar o trabalhador por este cuidar de interesses de prevenção de acidentes na empresa[2]. Essa garantia se fundamenta na necessidade de conceder ao cipeiro a autonomia no exercício do mandato.

Segundo o disposto no art. 10, inciso II, alínea *"a"*, do ADCT, da Constituição Federal de 1988 que, "[...] fica vedada a dispensa arbitraria ou sem justa causa do empregado eleito para cargo de direção de comissões internas de prevenção de acidentes, desde o registro de sua candidatura até um ano após o final de seu mandato".

Por seu turno, o art. 482 da CLT, fundamenta que a dispensa arbitrária ou sem justa causa do cipeiro não é proibida, isto é, a estabilidade não protegerá o cipeiro que for despedido por motivo disciplinar, técnico, econômico ou financeiro, como versa o art. 165 da CLT. Nesse sentido a Súmula n. 339, I, do TST, dispõe que o "suplente da Cipa goza de garantia de emprego prevista no art. 10, I, *"a"*, do ADCT, da CF/88. No mesmo sentido, a Súmula n. 676 do STF. Somente a extinção do estabelecimento poderá justificar a perda da garantia de emprego estendida ao cipeiro.

---

(2) MARTINS, Sergio Pinto. *Direito do trabalho*. 28. ed. São Paulo: Saraiva, 2012, p. 443.

4.2.3. Empregada Gestante

No tocante à legislação, a previsão encontra-se no art. 10, inciso I, alínea "b", do ADCT, da Constituição Federal de 1988, ficando vedada a dispensa arbitrária ou sem justa causa de empregada gestante, desde a confirmação da gravidez até cinco meses após o parto.

A garantia de emprego da empregada gestante destaca-se pela aplicação das teorias da responsabilidade objetiva e subjetiva. O Brasil adota a teoria da responsabilidade objetiva, ao considerar a estabilidade da empregada gestante apenas com a confirmação da gravidez pela própria gestante e não para o empregador; assim, pouco importa se o empregador conhecia o estado de gravidez da empregada. Nesse sentido é de responsabilidade objetiva do empregador garantir o nascituro.

A exceção legal se encontra nos contratos por prazo determinado, dentre eles o contrato de experiência, em que a gestante não goza de estabilidade, visto que as partes já tinham conhecimento do término final do contrato.

4.2.4. Empregado acidentado

De acordo com o art. 118 da Lei n. 8.213/91, a estabilidade do empregado em decorrência de acidente de trabalho, "que sofreu acidente de trabalho tem garantida, pelo prazo mínimo de doze meses, a manutenção do seu contrato de trabalho na empresa, após a cessação do auxílio-doença acidentário, independentemente de percepção de auxílio-acidente". A doutrina discute a constitucionalidade desse artigo ante a Constituição Federal, porém o TST, por meio da Súmula n. 378, I, decidiu pela constitucionalidade do dispositivo.

Semelhante à garantia de emprego da gestante, o contrato por prazo determinado, como, por exemplo, o contrato de experiência, mesmo que o trabalhador sofra acidente de trabalho não há direito à estabilidade, visto que as partes já conheciam o término final do contrato. Contudo, no período do aviso-prévio a estabilidade ao trabalhador acidentado não é garantida, ocorrendo a suspensão do contrato de trabalho até o retorno do trabalhador ao trabalho, com a suspensão do auxílio-doença da enfermidade que obteve.

4.2.5. Empregados Representantes dos Empregados no Conselho Curador do FGTS

Os representantes de empregados no conselho curador do FGTS têm direito à estabilidade, desde a nomeação até um ano após o término do mandato, podendo ser dispensado somente por motivo de falta grave, apurada por meio de processo sindical, nos termos do art. 3º, § 9º, da Lei n. 8.036/90, que dispõe sobre o Fundo de Garantia do Tempo de Serviço.

3.4.6. Empregados Membros do Conselho Previdenciário

De acordo com o art. 3º, § 7º, da Lei n. 8.213/91, os representantes dos empregados no âmbito do Conselho Nacional de Previdência Social — CNPS, os representantes efetivos e os respectivos suplentes estão protegidos pela estabilidade provisória, desde a sua nomeação, até um ano após o final do mandato, salvo, na hipóteses de cometerem falta grave.

4.2.7. Empregados Eleitos Diretores de Sociedades Cooperativas

A Lei n. 5.764/71, em seu art. 55, bem como o art. 543, § 3º, da CLT, veda a dispensa do empregado sindicalizado ou associado, a partir do momento do registro de sua candidatura a cargo de direção ou representação de entidade sindical ou de associação profissional, até 1 (um) ano após o final do seu mandato, desde a ciência do empregador da candidatura (Súmula n. 369, I do TST); caso seja eleito, inclusive como suplente também, possui a mesma garantia, salvo se cometer falta grave que será devidamente apurada por meio de processo judicial.

4.2.8. Empregados Membros da Comissão de Conciliação Prévia

A Comissão de Conciliação Prévia, instituída pela CLT no art. 625-A, permite que as empresas e os sindicatos criem comissão de conciliação no âmbito das atividades que atuam, devendo, para tanto, no âmbito da empresa, possuir no mínimo dois e no máximo dez membros. Já a comissão sindical será constituída depois que as normas forem definidas em acordo ou convenção coletiva, momento em que se definirá a quantidade de membros.

A estabilidade provisória para os membros da Comissão de Conciliação Prévia protege todos os representantes dos empregados e, dos empregadores, se estes possuírem contrato de trabalho, sejam eles, titulares e suplentes, até um ano após o final do mandato, salvo se cometerem falta grave, consoante disposto no art. 625-B, § 1º, da CLT.

4.2.9. Empregados em Período Pré-Eleitoral

O legislador constituinte optou de forma severa pela obrigatoriedade do alistamento eleitoral e do voto, conforme preleciona o art. 14 da Constituição Federal de 1988.

No entanto, para compensar a exigência e evitar excessos por parte dos empregadores, em período próximo as eleições é vedado as condutas dos agente públicos, servidor ou não, nos termos do art. 73, inciso V, da Lei n. 9.504/97, "nomear, contratar ou de qualquer forma admitir, dispensar sem justa causa, remover, transferir ou exonerar servidor público, na circunscrição do pleito, nos três meses que antecedem e até a posse dos eleitos, sob pena de nulidade, ressalvada a nomeação ou exoneração de cargos em comissão e designação ou dispensa de funções de confiança" (MARTINS, Sergio Pinto, 2012. p. 461).

Observe que, de acordo com o diploma legal, não é dado direito ao empregado à garantia no emprego pelo período de doze meses, como ocorre nos casos anteriores. No entanto, caso o empregado sofra alguma sanção por parte do empregador, o ato será anulado pelo juiz, suportando o empregador todos os prejuízos sofridos pelo empregado no período compreendido da referida lei.

É claro que se o empregado comete falta grave, devidamente comprovada, não estará legalmente protegido.

4.2.10. Contrato de Aprendizagem

De acordo com Estatuto da Criança e do Adolescente, no art. 62, a aprendizagem é a formação técnico-profissional ministrada ao adolescente ou jovem segundo as diretrizes e bases da legislação de educação em vigor, implementada por meio de um contrato de aprendizagem.

O trabalho de aprendizagem é regido pela Lei n. 10.097/2000, em que será considerado aprendiz toda pessoa que tiver quatorze até vinte e quatro anos incompletos e o contrato de aprendizagem terá duração máxima de dois anos. De ressaltar que não se aplica o limite de 24 anos para o jovem com deficiência, inscrito em programa de aprendizagem, uma formação técnico-profissional metódica, compatível com seu desenvolvimento físico, mental e psicológico.

Assim, de acordo com a regra legal, o aprendiz não pode ser dispensado pelo empregador, exceto nas hipóteses previstas no art. 433 da CLT, assim sendo, por desempenho insuficiente ou inadaptação; por falta disciplinar grave; e na ausência injustificada à escola que implique perda de ano letivo.

A estabilidade prevista para essa categoria também é diferenciada em relação às demais, isso porque, também, não será garantido o período mínimo de doze meses. A título de ilustração, imagine que um aprendiz possuía um contrato de 24 meses e já havia trabalhado para o empregador por 15 meses, quando foi dispensado sem justo motivo. Nesse caso, a garantia devida será a quantidade de meses faltantes para completar os 24 meses, ou seja, 9 meses. Isso porque a lei não permite essa modalidade de contrato de trabalho superior a vinte e quatro meses, mesmo que o aprendiz só tenha 20 anos de idade.

5. A Perda da Estabilidade

Como vimos, o empregado detentor da estabilidade definitiva ou provisória só perderá esse direito nas hipóteses previstas na lei.

A falta grave mencionada pela CLT deve ser apurada pelo empregador, por meio da Ação de Inquérito Judicial para Apuração da Falta Grave do empregado, obedecendo às regras do art. 482 da CLT. No período de apuração da falta grave, o empregado poderá ser suspenso das suas funções, até a decisão final do processo, quando será ou não confirmada a sua despedida.

Caso o seja reconhecida a falta grave do empregado, automaticamente, encerra a relação contratual com o empregador. No entanto, se o empregador não comprovar a falta grave do empregado, estará obrigado a reintegrar na função e, ainda, pagar os salários pelo período da suspensão do empregado. Todavia, caso a reintegração seja desaconselhada em razão do ambiente de trabalho, tornando-o desagradável entre as partes, em especial quando for empregador pessoa física, a Justiça do Trabalho poderá converter as obrigações em indenização em favor do empregado.

Extinguindo-se a empresa, sem a ocorrência de motivo de força maior, ao empregado estável despedido é garantida a indenização por rescisão do contrato por prazo indeterminado, paga em dobro, conforme art. 497 da CLT. Quando for o caso de fechamento do estabelecimento, filial ou agência, ou supressão necessária de atividade, sem ocorrência de motivo de força maior, é assegurado aos empregados estáveis, que ali exerçam suas funções, direito à indenização.

O exercício de cargos de diretoria, gerência ou outros de confiança imediata do empregador não gera direito à estabilidade, ressalvado o cômputo do tempo de serviço para todos os efeitos legais, à luz do art. 499 da CLT. Fica ainda, garantido pela estabilidade o empregado que deixar de exercer cargo de confiança, excetuando, caso de falta grave, a reversão ao cargo efetivo que haja anteriormente ocupado.

No entanto, se empregado for despedido sem justa causa e, que só tenha exercido cargo de confiança e contar com mais de 10 (dez) anos de serviço na mesma empresa, é garantida a indenização proporcional ao tempo de serviço nos termos dos arts. 477 e 478 da CLT.

Se o empregador dispensar o empregado com o fim de obstar a aquisição de estabilidade, sujeitará o empregador a pagamento em dobro da indenização prescrita nos arts. 477 e 478, da CLT.

O art. 500 da CLT diz que se o pedido de demissão for por parte do empregado estável, este só será válido quando feito com a assistência do respectivo Sindicato e, se não o houver, perante autoridade local competente do Ministério do Trabalho e Previdência Social ou da Justiça do Trabalho.

Para apuração do Inquérito Judicial de Falta Grave do Empregado Estável, o empregador deve obedecer às regras contidas nos arts. 853 a 855 da CLT, quais sejam: a) o empregador apresentará reclamação por escrito ao Juízo do Trabalho ou Juízo de Direito, conforme o caso, dentro de 30 (trinta) dias, contados da data da suspensão do empregado; b) Se tiver havido prévio reconhecimento da estabilidade do empregado, o julgamento do inquérito pelo Juiz do Trabalho, não prejudicará a execução para pagamento dos salários devidos ao empregado, até a data da instauração do mesmo inquérito.

Por fim, cumpre ressaltar que diferentemente do processo ordinário, o número de testemunhas previstas pelo art. 821 da CLT, em Ação de Apuração do Inquérito por Falta Grave, poderá chegar até seis, enquanto no processo ordinário o número máximo é de apenas três.

6. Considerações Finais

No Brasil, o instituto da estabilidade no emprego foi criado em 1923, pela conhecida Lei Eloy Chaves, como sendo uma das formas de proteção do empregado em decorrência das arbitrariedades promovidas pelos empregadores que exploravam atividades nas estradas de ferro na época, sendo que posteriormente a estabilidade foi estendida a trabalhadores de outras categorias.

Vimos que no governo de Getúlio Vargas, na década de 40, foi criado o Ministério do Trabalho, Indústria e Comércio e a Justiça do Trabalho, para resolver conflitos entre patrões e empregados. Nesse período, foi instituída uma extensa legislação de caráter assistencialista em prol do trabalhador urbano, que mais adiante, em 1988, também, foi estendida aos trabalhadores rurais, em atendimento ao princípio da proteção do trabalhador.

O legislador brasileiro, depois de sofrer pressão por diferentes categorias de trabalhadores e dos sindicatos, finalmente, percebeu que no Direito do Trabalho o que rege é o princípio da continuidade da relação de emprego e, por isso, como forma de proteger os trabalhadores das arbitrariedades impostas pelos empregadores, criaram-se as estabilidades provisórias e definitivas que encontram-se em legislação esparsa e em momentos distintos.

Vimos ainda que a estabilidade definitiva impõe um direito potestativo do empregador e, por isso, protege o empregado durante toda a relação de emprego, enquanto que a estabilidade provisória só protege o empregado durante o lapso temporal definido pela legislação nos casos específicos.

Analisamos as diversas espécies de estabilidades e verificamos que tanto nas estabilidades definitivas como nas estabilidades provisórias o empregado só perderá esse direito em situações excepcionais como na extinção da empresa, sofrer punição com a extinção do contrato de trabalho depois da sentença transitada em julgado, em Ação de Inquérito Judicial para Apuração de Falta Grave proposta pelo empregador contra o empregado.

Neste contexto, podemos dizer que as estabilidades definitivas e as estabilidades provisórias se traduzem numa limitação imposta aos empregadores, cuja intenção é evitar a dispensa de empregados de forma prematura e exagerada que deveria abranger toda categoria de trabalhador, em homenagem ao princípio da continuidade da relação de emprego consagrado pela legislação.

7. Referências Bibliográficas

BARROS, Alice Monteiro de. *Curso de direito do trabalho*. 7. ed. São Paulo: LTr, 2011.

BRASIL. *Consolidação das Leis do Trabalho*. *Vade Mecum* Acadêmico de Direito. 8. ed. Rideel, 2014.

BRASIL. Constituição (1998). *Constituição da República Federativa do Brasil*. Senado Federal: *Vade Mecum* Acadêmico. 8. ed. São Paulo: Ridell, 2014.

_____. *Lei n. 5.107 de 13 de setembro de 1966*. Cria o Fundo de Garantia do Tempo de Serviço, e dá outras providências.

_____. *Lei n. 10.097, de 19 de dezembro de 2000*. Altera dispositivos da Consolidação das Leis do Trabalho, aprovada pelo Decreto-lei n. 5.452, de 1º de maio de 1943.

_____. *Lei n. 5.764, de 16 de dezembro de 1971*. Define a Política Nacional de Cooperativismo, institui o regime jurídico das sociedades cooperativas, e dá outras providências.

_____. *Lei n. 5.958 de 10 de dezembro de 1973*. Dispõe sobre a retroatividade da opção pelo regime do Fundo de Garantia do Tempo de Serviço, criado pela Lei n. 5.107, de 13 de setembro de 1966.

_____. *Lei n. 6.919 de 2 de junho de 1981*. Faculta a extensão do regime do Fundo de Garantia do Tempo de Serviço a diretores não empregados, e dá outras providências.

_____. *Lei n. 8.213, de 24 de julho de 1991*. Dispõe sobre os Planos de Benefícios da Previdência Social e dá outras providências.

_____. *Lei n. 9.504, de 30 de setembro de 1997*. Estabelece normas para as eleições.

_____. *Lei n. 62, de 5 de junho de 1935*. Assegura ao empregado da indústria ou do comércio uma indenização quando não exista prazo estipulado para a terminação do respectivo contrato de trabalho e quando for despedido sem justa causa, e dá outras providências.

_____. *Lei n. 8.036, de 11 de maio de 1990*. Dispõe sobre o Fundo de Garantia do Tempo de Serviço, e dá outras providências.

DELGADO, Mauricio Godinho. *Curso de direito do trabalho*. 11. ed. São Paulo: LTr, 2012.

MARTINS, Sergio Pinto. *Direito do trabalho*. 10. ed. São Paulo: Saraiva, 2000.

_____. *Direito do trabalho*. 28. ed. São Paulo: Saraiva, 2012.

NASCIMENTO, Amauri Mascaro. *Curso de direito do trabalho*. 26. ed. São Paulo: Saraiva, 2011.

RESENDE, Ricardo. *Direito do trabalho esquematizado*. São Paulo: Método, 2011.

2. O assédio moral na relação laboral: Brasil e Argentina

Alysson Amorim Quaresma[*]

1. Introdução

O assédio moral no Brasil é um problema visível e existente nas relações de emprego, muito embora não esteja ainda regulamentado no ordenamento jurídico trabalhista esse tipo de conduta.

Mesmo assim a justiça trabalhista brasileira vem aplicando sanções de indenização em face das empresas que realizam essa conduta mesmo que a prática do ato tenha acontecido por ato unilateral de um funcionário contra o outro dentro da empresa, pois a jurisprudência e a doutrina reconhecem a responsabilidade objetiva da empresa por qualquer ato desse tipo.

De acordo com a Constituição Federal de 1988, qualquer dano provocado contra o indivíduo afronta sua honra, imagem, dignidade como pessoa humana, sendo considerada uma afronta aquela que provoca um dano à moral do indivíduo o qual merece ser indenizado de acordo com o caso concreto e com o entendimento do magistrado quanto ao tamanho do prejuízo sofrido pela vítima.

Na relação de emprego, o assédio pode vir tanto por parte do patrão ou do chefe contra o seu subordinado (casos mais comuns) como também por parte do subordinado contra seu chefe (casos mais raros), além dos casos envolvendo colegas de trabalho de mesmo nível hierárquico, nos quais uma pessoa ou um grupo persegue de forma contínua outra pessoa ou também outro grupo com a intenção de humilhá-la(o) e isolá-la(o) dos demais.

Já no direito argentino assédio moral ou "mobbing", nome utilizado no Direito Trabalhista argentino, possui uma definição semelhante ao brasileiro, pois ocorre quando uma pessoa ou um grupo de pessoas exerce violência psicológica extrema sobre um terceiro no local de trabalho de forma sistemática e reiterada, durante um tempo prolongado.

O dano ocorre por um ato do empregador, ato esse alheio ao contrato de trabalho com natureza dolosa, ou seja, com a intenção de prejudicar o empregado, atingindo sua integridade moral.

Tal dano possui o mesmo sistema de ação em ambos os países, em que após ser escolhida a vítima, é iniciado o assédio por meio de vários atos atentadores da dignidade humana como pressão psicológica, humilhações, hostilização no local de trabalho,

---

[*] Advogado na cidade de Campina Grande-PB, bacharel em direito pela FACISA-CESED. Especialização em Direito Processual Civil pela FACISA-CESED. Formado pela ESMA – (Escola Superior da Magistratura do Estado da Paraíba). Mestrando em Direito do Trabalho e Relações Internacionais do Trabalho pela Universidad Nacional de Tres de Febrero – UNTREF.

prejudicando a saúde do empregado e culminando com o pedido de demissão por não suportar mais sofrer humilhações.

2. Assédio Moral no Brasil

Esse referido dano sofrido por muitos trabalhadores, assim como o dano moral, ainda não possui regulamentação na norma trabalhista, mas já é fruto de muitas condenações na Justiça Trabalhista.

O assédio moral possui várias outras expressões ligadas ao ato de praticar ilícito no local de trabalho, em face de um ou mais trabalhadores causarem sérios danos à moral e à dignidade do indivíduo. Assim vejamos:

> A expressão assédio moral foi adotada pelos principais estudiosos desse comportamento, mas também é denominado de violência moral no trabalho, humilhação no trabalho, terror psicológico no trabalho e hostilização no trabalho (CAIRO JUNIOR, José. *Curso de direito do trabalho* — direito individual e coletivo do trabalho. Salvador: Juspodivm, 2014. p. 900).

As condenações frutos do assédio moral são de indenização por dano moral; dessa forma, fica no processo reconhecido o assédio moral e fica estabelecido pelo magistrado em sua sentença o dever do autor do dano ou o seu responsável ao pagamento indenizatório à vítima que sofreu o ato.

O assédio moral vem a provocar pressão psicológica, humilhação provocada tanto horizontalmente como verticalmente, ou seja, pode vir por parte do colega de trabalho como também por parte do chefe.

Esse dano se assemelha e está ligado ao dano moral, pois acaba por desrespeitar a honra, a dignidade e a intimidade da vítima, causando sérios danos, como a depressão, e ainda força em muitos casos o pedido de demissão.

Assim o assédio moral se define:

> Portanto, o assédio moral, também conhecido como terrorismo psicológico ou psicoterror, é uma forma de violência psíquica praticada no local de trabalho, e que consiste na prática de atos, gestos, palavras e comportamentos vexatórios, humilhantes, degradantes e constrangedores, de forma sistemática e prolongada, cuja prática assediante pode ter como sujeito ativo o empregador ou superior hierárquico (assédio vertical), um colega de trabalho (assédio horizontal), ou um subordinado (assédio ascendente), com clara intenção discriminatória e perseguidora, visando eliminar a vítima da organização do trabalho. (SILVA, Lilian Cristina da. Assédio moral: os elementos que configuram a distinção de dano moral e assédio moral. In: *Âmbito Jurídico*, Rio Grande, XIII, n. 83, dez. 2010. Disponível em: <http:www.ambito-juridico.com.br-site-index.php?n_link=revista_artigos_leitura&artigo_id=8713>. Acesso em: maio 2014)

O assédio moral, de acordo com outros doutrinadores, é denominado também como violência moral no trabalho, humilhação no trabalho, terror psicológico no trabalho e hostilização no trabalho. Vejamos a seguir um estudo realizado na Europa nos anos de 1998 a 2000, em que apresenta os índices de assédio moral tanto na repartição pública quanto na iniciativa privada:

> "(...) segundo um relatório recente da OIT, apresentado na Conferência Internacional de Traumas do Trabalho (...) 53% dos empregados na Grã--Bretanha disseram já ter sofrido ataques oriundos de um tal comportamento no local de trabalho, enquanto 78% declararam que já tinham sido testemunhas de uma tal situação. A Linha de Atendimento Nacional Britânica às denúncias de assédio moral registrou 4.000 casos de assédio, dentre os 5.000 que pesquisou nos últimos cinco anos. Mais de dois terços provenientes do setor público. Na Suécia, 10 a 15% dos suicídios cometidos têm origem em algum sofrimento por assédio moral. (...) Na França, 30% dos empregados declararam estar sofrendo assédio moral no trabalho e 37% disserem ter sido testemunhas do assédio moral de um colega. O fenômeno abrange tanto homens (31%) quanto mulheres (29%), e tanto gerentes (35%) quanto operários (32%). E está presente da mesma forma nas empresas privadas (30%) e nas públicas (29%)". (SCHMIDT, Martha Halfeld Furtado de Mendonça. O Assédio Moral no Direito do Trabalho. In: *Revista de Direito do Trabalho*, n. 103, ano 27, p. 143, jul./set. 2001.)

Apesar de ser um problema antigo, apenas recentemente vem se procurando legislar a respeito do assédio moral que afeta a muitos trabalhadores aqui no Brasil como é o exemplo da presença de algumas legislações estaduais como a Lei n. 3.921, art. 1º, de 23.8.2002, do Estado do Rio de Janeiro:

> Art. 1º Fica vedada, no âmbito dos órgãos, repartições ou entidades da administração centralizada, autarquias, fundações, empresas públicas ou sociedades de economia mista, do Poder Legislativo, Executivo ou Judiciário, inclusive concessionárias ou permissionárias de serviços estaduais de utilidade ou interesse público, o exercício de qualquer ato, atitude ou postura que se possa caracterizar como assédio moral no trabalho, por parte de superior hierárquico, contra funcionário, servidor ou empregado e que implique em violação da dignidade desse ou sujeitando-o a condições de trabalho humilhantes e degradantes.

A Lei n. 11.514/07, art. 96, § 1º, V, (Lei das Diretrizes Orçamentárias) veda a concessão ou renovação de quaisquer empréstimos ou financiamentos pelas agências financeiras oficiais de fomento às instituições cujos dirigentes tenham sido condenados por assédio moral ou sexual.

A Portaria SIT-DSST n. 9, de 30.03.2007, que aprova o anexo II da NR-17 – Trabalho em Teleatendimento — *Telemarketing*, veda, expressamente, a prática do assédio moral:

> 5.13. É vedada a utilização de métodos que causem assédio moral, medo ou constrangimento, tais como: a) estímulo abusivo à competição entre trabalhadores ou grupos-equipes de trabalho; b) exigência de que os trabalhadores usem, de forma permanente ou temporária, adereços, acessórios, fantasias e vestimentas com o objetivo de punição, promoção e propaganda; c) exposição pública das avaliações de desempenho dos operadores.

A prática do assédio moral não pode ser confundida com o relacionamento normal no local de trabalho no qual existe as discussões e desentendimentos em um grupo de trabalho, os conflitos são inevitáveis quando se possui várias mentes pensantes. A grande diferença entre o relacionamento comum no trabalho e o assédio moral é justamente a duração da pressão psicológica, humilhação e terror praticado contra o colega de trabalho, subordinado ou superior hierárquico.

O assédio moral se caracteriza pela continuação das práticas abusivas e ofensivas à vítima. Por isso o nome assédio, por serem ataques repetitivos e insistentes diferenciando-se de um simples desentendimento ou discussão entre colegas de profissão ocorrido em alguma parte do dia.

Vejamos a seguinte citação sobre as condutas típicas do assédio moral:

a) Desconsiderar a vítima;

b) Isolá-la;

c) Impedí-la de se exprimir;

d) Desacreditá-la no seu trabalho;

e) Acusá-la de paranoia, se ela tenta se defender.

> Atitudes tais como gozações sobre seu jeito de ser ou sobre seus pequenos defeitos (supostos ou reais), ataques à sua vida privada (família, reputação), ridicularizações, boatos (...), jogos de subtendidos que todos compreendem, mas contra os quais é quase impossível se defender, obrigação de desempenho de atividades claramente superiores ou inferiores à sua capacidade, etc." (SCHMIDT, Martha Halfeld Furtado de Mendonça. *Op. cit.*, p. 149.)

Todas essas ações praticadas em desfavor da vítima podem ser tanto por gestos, brincadeiras, repetitivas cobranças sobre metas a serem alcançadas, de forma escrita e até mesmo pelo uso dos meios disponibilizados pela tecnologia, no qual os ataques podem vir pelo celular, *facebook* e demais meios virtuais à disposição das pessoas.

Neste caso a situação pode ser agravada por causa da facilidade na disseminação das notícias ou imagens que os meios oferecidos pela tecnologia podem oferecer, causando grandes danos psicológicos ao que sofre tal afronta.

3. Espécies de Assédio Moral

A doutrina divide o assédio moral em três tipos: assédio vertical descendente, assédio horizontal e assédio ascendente.

Assédio Horizontal — se caracteriza pelo assédio contínuo a um colega de trabalho de mesma categoria, por parte de um ou mais profissionais de mesma hierarquia profissional.

Assédio Descendente — neste tipo de assédio o autor do ato é um profissional de hierarquia acima da vítima, e usa essa vantagem para prejudicar o desempenho profissional do seu subordinado, objetivando muitas vezes que a vítima peça demissão, poupando o autor do assédio de demiti-la e ter que pagar uma série de direitos. Normalmente esse é o maior tipo de assédio existente pela facilidade e a hierarquia existente.

Assédio Ascendente — Ocorre raramente por ser um assédio praticado pelos subordinados contra o chefe do setor, da empresa, etc. Não é comum esse tipo de assédio pela preocupação com o emprego, mas pode existir, por exemplo, a rejeição de um novo chefe do setor.

Vejamos as consequências provocadas pelo assédio, segundo o professor Nilson de Oliveira:

— Endurecimento e esfriamento das relações no ambiente de trabalho;

— Dificuldade para enfrentar as agressões e interagir em equipe;

— Isolamento e internalização;

— Sentimento de pouca utilidade ou de fracasso;

— Falta de entusiasmo pelo trabalho;

— Falta de equilíbrio quanto às manifestações emocionais, por exemplo, com crises de choro ou raiva;

— Diminuição da produtividade;

— Aumento do absenteísmo;

— Demissão;

— Desemprego;

— Enfraquecimento da saúde;

— Tensão nos relacionamentos afetivos;

— Suicídio.

Como se percebe, a prática do assédio contra um ou alguns empregados ultrapassa os limites do local de trabalho e invade a vida pessoal da vítima, causando-lhe sérios problemas de saúde e de relacionamento, provocando problemas muitas vezes irreversíveis, trazendo sequelas para toda a vida.

A afronta à dignidade humana é patente e deve ser reprimida com rígidas sanções, pois a existência do assédio moral causa problemas a toda uma sociedade que se desenvolverá com indivíduos que terão deficiência para trabalhar em grupo e déficit em sua condição de produzir melhor, em razão do trauma passado ou que esteja passando.

4. Assédio moral na Argentina ou *"Mobbing"*

A Justiça Trabalhista da Argentina já tem julgado a respeito desse dano mesmo não existindo ainda, como no Brasil, uma legislação específica sobre o assédio moral. O reconhecimento do assédio moral enseja uma condenação indenizatória por danos na esfera moral sofridos pela vítima.

De acordo com o Dr. Julio Armando Grisolia o assédio moral é uma forma de violência psicológica com a finalidade de anular a comunicação da vítima com o meio laboral, bem como destruir a reputação e perturbar o exercício de suas atividades no local de trabalho, objetivando, ao final, que o empregado peça demissão de seu local de trabalho.

No Direito argentino, o assédio é mais visto do empregador para o empregado não havendo muito a visão existente no Brasil das várias formas de assédio, tanto na esfera horizontal como na vertical.

A prática de tal ilícito vem a provocar uma pressão psicológica no empregado, denegrindo sua honra e atingindo muitas vezes a produtividade da vítima do assédio.

É importante informar que na Argentina o assédio moral se caracteriza pela prática contínua e sequenciada, não sendo conhecido por assédio moral um fato isolado. Mas existe a necessidade de o ato ser praticado constantemente por uma ou mais pessoas, tornando-se repetitivo até a vítima não suportar mais.

Diferencia-se o assédio de um exercício abusivo ou arbitrário por parte do empregador ou ainda de problemas frequentes no trabalho como discussões, estresse, excesso de trabalho, conflitos e demais situações que podem ocorrer por vários fatores diferentes.

Assim vejamos as características definidoras do assédio moral na Argentina:

> Como ejemplos se pueden citar la deliberada falta de comunicación con el trabajador, su aislamiento físico, el hostigamiento, la propagación de conceptos peyorativos hacia su persona, el insulto y la ridiculización directa, otorgarle tareas humillantes, de difícil realización o manifiestamente inútiles, imponerle un cambio constante y arbitrário de las modalidades de trabajo, sabotaje de sus tareas, acusaciones y atribuciones injustas de culpa por hechos que le son ajenos y, en casos extremos, laagresión física." (GRISOLIA, Julio Armando. *Manual de Derecho Laboral*. Buenos Aires: Abeledo Perrot, 2010. p. 422)

O bem afetado no assédio é a dignidade da pessoa humana, direito constitucional e fundamental, no qual se torna afrontado pelo desrespeito ao trabalhador, atingindo sua saúde, sua integridade física, psíquica e moral.

Vejamos decisão de caso comprovado de *"mobbing"*:

> Uno de los primeros fallos conocidos se dictó en el caso "Lambir v. Aguas Cordobesas AS", del 11.11.2004, donde la justicia de la província de Córdoba tuvo por reconocido que la empresa ejercía acoso moral sobre una empleada, materializada en una política de pressiones que se vio exteriorizada en el reemplazo de su clave informática y telefónica y en el no otorgamiento de tareas, a fin de que aceptase la propuesta de retiro que ofrecía la empleadora, notablemente inferior al monto que legalmente le correspondia." (GRISOLIA, Julio Armando. *Manual de Derecho Laboral*. Buenos Aires: Abeledo Perrot, 2010. p. 423)

O Direito argentino, em suas decisões na Corte, já está reconhecendo e concedendo indenizações pela prática utilizada por diversas vezes nas empresas em que ocorre assédio ao trabalhador na esfera moral, assim como no Brasil, mesmo que ambas as legislações não possuam uma lei específica; mas, por meio da afronta à dignidade da pessoa humana, o reconhecimento e o direito à indenização, encontram-se previstos na Constituição dos dois países, em que são preservados o respeito e o direito à dignidade, apresentando-se como direito constitucional e fundamental do homem.

5. Considerações finais

Fato é que a prática do assédio moral no trabalho existe nos dois países em razão de decisões judiciais já reconhecidas concedendo indenizações às vítimas dessas práticas abusivas.

No Brasil, a aplicação do assédio se encontra mais ampla que na Argentina, pois pode ocorrer tanto verticalmente quanto horizontalmente, diferentemente do entendimento argentino, o qual aponta essa prática mais à figura do empregador contra o empregado.

Em relação ao conceito e à legislação aplicada, a situação é semelhante pelo fato de os dois países não possuírem legislação própria sobre o assunto e o entendimento de conceito ser semelhante ou até mesmo igual.

O tratamento desumano não é fácil de ser comprovado por não existirem provas materiais mas apenas danos psicológicos, depressão, baixa autoestima, e poucas testemunhas aptas para comprovar tudo o que fora aplicado por um período de tempo contínuo no local de trabalho, denegrindo a imagem da vítima diante dos colegas de trabalho.

6. Referências bibliográficas

BRASIL. *Constituição da República Federativa do Brasil de 1988*. Disponível em: <http:www.planalto.gov.br-ccivil_03-constituicao-constituicaocompilado.htm> Acesso em: 10 jun. 2014.

_____. *Lei n. 10.406, de 10 de janeiro de 2002*. Código Civil Brasileiro. Disponível em: <http:www.planalto.gov.br-ccivil_03-leis-2002-l10406.htm> Acesso em: 10 jun. 2014.

_____. *Lei n. 3.921, de 23 de agosto de 2002*. Estado do Rio de Janeiro. Disponível em: <http:alerjln1.alerj.rj.gov.br-CONTLEI.NSF-e9589b9aabd9cac8032564fe0065abb4-3dcfce02b06be53903256c2800537184?OpenDocument> Acesso em: 10 jun. 2014.

_____. *Lei n. 11.514, de 13 de agosto de 2007*. Disponível em: <http:www.planalto.gov.br--ccivil_03-_ato2007-2010-2007-Lei-L11514.htm> Acesso em: 10 jun. 2014.

_____. *Portaria n. 9, de 30.03.2007, do Ministério do Trabalho Emprego*. Disponível em: <http:www.assediomoral.org-spip.php?article347> Acesso em: 10 jun. 2014.

CAIRO JUNIOR, José. *Curso de direito do trabalho — direito individual e coletivo do trabalho*. Salvador: Juspodivm, 2014.

GRISOLIA, Julio Armando. *Manual de derecho laboral*. Buenos Aires: Abeledo Perrot, 2010.

NASCIMENTO, Nilson de Oliveira. *Aspectos do assédio sexual, assédio moral e dano moral na relação de emprego*. Disponível em: <http:www.professornilson.com.br-Downloads--Ass%C3%A9dio%20Sexual,%20Ass%C3%A9dio%20Moral%20e%20Dano%20Moral%20na%20Rela%C3%A7%C3%A3o%20de%20Emprego.pdf> Acesso em: 15 maio 2014.

OLIVEIRA, Nilson de. *Aspectos do assédio sexual, assédio moral e dano moral na relação de emprego*. Disponível em: <http://www.professornilson.com.br/downloads/assediosexual/assediomoraledanomoralnarelacaodeemprego.pdf>. Acesso em: 24 abr. 2015.

SCHMIDT, Martha Halfeld Furtado de Mendonça. O assédio moral no direito do trabalho. *In: Revista de Direito do Trabalho*, n. 103, ano 27, jul./set. 2001.

SILVA, Lilian Cristina da. Assédio moral: Os elementos que configuram a distinção de dano moral e assédio moral. *In: Âmbito Jurídico*, Rio Grande, XIII, n. 83, dez 2010. Disponível em: <http:www.ambito-juridico.com.br-site-index.php?n_link=revista_artigos_leitura&artigo_id=8713> Acesso em: maio 2014.

3. Prevenção e erradicação do trabalho infantil

Camilli Meira Santos Silva[(*)]

1. Introdução

A erradicação do trabalho infantil, presente no cotidiano de nossas crianças dos campos e das cidades, é um dos grandes desafios a serem superados no país. Em algumas cidades, o aumento do desemprego estrutural, ocorrido em grande escala na última década, suprimiu das crianças a fase fundamental de sua formação para a vida adulta, o direito à infância e aos primeiros anos escolares, períodos basilares que fazem parte do cotidiano de todas as nossas crianças.

Ao contrário do crescimento industrial no início do século XX, quando ainda nos primeiros anos de vida meninos e meninas emancipavam suas idades na triste realidade das fábricas, vivendo jornadas intermináveis, as crianças de nosso tempo correm atrás de pequenos serviços, inclusive domésticos, e tentam, caminhando por ruas e avenidas, vender os mais variados produtos artesanais e industriais. O objetivo, na maioria dos casos, é acrescentar à renda familiar um pouco de dinheiro para a própria subsistência.

O Plano Nacional de Prevenção e Erradicação do Trabalho Infantil e Proteção ao Trabalhador Adolescente, fruto do empenho de uma comissão criada especialmente para esse fim, a Comissão Nacional de Erradicação do Trabalho Infantil — CONAETI, sob a coordenação do Ministério do Trabalho e Emprego — MTE, agregou contribuições de organizações governamentais e não governamentais, com destaque especial para a Organização Internacional do Trabalho — OIT, que viabilizou a contratação da consultoria responsável pela organização e acompanhamento dos trabalhos que resultaram no Plano.

O Plano tem por finalidade coordenar diversas intervenções e introduzir novas, sempre direcionadas a assegurar a eliminação do trabalho infantil. Para tanto, foi preciso considerar diferentes aspectos, tais como raça, gênero, condição econômica, tipo de ocupação, entre outros, e critérios importantes para que se possa compreender como a exploração ilegal do trabalho de crianças e adolescentes ainda encontra meios para se perpetuar em todo o país.

A partir de políticas públicas e de ações que preconizam a transversalidade e a intersetorialidade, sempre contando com o apoio indispensável da sociedade civil, o Plano Nacional de Prevenção e Erradicação do Trabalho Infantil e Proteção ao Trabalhador

---

(*) Mestranda em Direito do Trabalho e Relações Internacionais do Trabalho pela Universidade Três de Febrero – UNTREF. Especialista em Direito Processual Cível e do Trabalho pela Faculdade Integrada do Tapajós – FIT. Bacharel em Direito pela Universidade de Cuiabá – UNIC. Professora do Curso de Direito do Centro Universitário Luterano de Manaus – ULBRA e da Universidade Paulista – UNIP.

adolescente tem a ambição de migrar do papel para a realidade em tempo de recuperar a infância e a educação de milhões de crianças e adolescentes de 5 a 15 anos de idade, para que estes possam, antes de virem a participar do mundo do trabalho, usufruir todos os direitos inerentes a sua condição de jovens brasileiros e também garantir a proteção legal para outros milhões de adolescentes, de 16 e 17 anos de idade, que buscam o acesso ao mercado de trabalho, garantindo-lhes condições laborais decentes.

Temos também o Programa de Erradicação ao Trabalho Infantil — PETI, que é um Programa do Governo Federal que tem como objetivo retirar as crianças e adolescentes, de 7 a 14 anos, do trabalho considerado perigoso, penoso, insalubre ou degradante, ou seja, aquele trabalho que coloca em risco a saúde e a segurança das crianças e adolescentes, possibilitando o acesso, a permanência e o bom desempenho de crianças e adolescentes na escola.

2. O trabalho infantil no Brasil e o surgimento do PETI

O trabalho infantil é um fenômeno social presente ao longo de toda a história do Brasil. Suas origens remontam à colonização portuguesa e à implantação do regime escravagista. Crianças indígenas e meninos negros foram os primeiros a sofrerem os rigores do trabalho infantil em um país que, de início, estabeleceu uma estrutura de produção e distribuição de riqueza fundamentada na desigualdade social. O posterior processo de industrialização correlato da transformação do Brasil em uma economia capitalista manteve intactas tais estruturas, obrigando o ingresso de grandes contingentes de crianças no sistema produtivo ao longo do século XX.

Essa estrutura econômica levou o Brasil a ser reconhecido mundialmente como um dos países com os maiores índices de desigualdade social, expressos na concentração de renda nas classes economicamente protegidas.

A estrutura econômica altamente desigual em termos da distribuição de renda, associada ao fenômeno do crescimento da população infantojuvenil, em sua maioria excluída socialmente, levou a um aumento dramático do número de crianças e adolescentes de até 18 anos trabalhando no país.

O trabalho infantil no Brasil, quando estudado a partir de variáveis como gênero, raça, etnia, localização, tipo de trabalho, rendimentos econômicos e grau de escolarização, permite observar particularidades do problema que podem ser de interesse na elaboração de projetos de erradicação.

Diante desse quadro, tem crescido no Brasil o debate e as exigências para solucionar o problema. No final dos anos de 1980 e início dos anos de 1990, as exigências e pressões começam a obter respostas por meio das mais diversas ações. No âmbito governamental, as respostas às pressões surgiram a partir de dois níveis principais: do Legislativo, com o Estatuto da Criança e do Adolescente — ECA de 1990 e a Lei Orgânica de Assistência Social — LOAS de 1993; e do Executivo, por meio de diversos programas, tais como o Programa Brasil Criança Cidadã, o projeto dos Centros de Assistência Integrada à Criança – CAICs, entre outros.

No bojo desse debate, cria-se, sob a responsabilidade da Secretaria de Assistência Social do Ministério da Previdência e Assistência Social, o Programa de Erradicação do Trabalho Infantil — PETI. Este apresenta como objetivo central de prevenir e eliminar o trabalho desse contingente populacional que, em situação de exploração, compõe a força de trabalho no meio rural, distanciando-o do sistema escolar. Nessa direção, pretende o programa servir como âncora do conjunto das ações setoriais do governo voltadas para a recriação das condições materiais para as famílias enviarem seus filhos que hoje estão trabalhando precocemente, de volta à escola.

A família que for inserida no PETI recebe uma bolsa mensal por cada filho, com idade entre 07 e 14 anos, que for retirado do trabalho. Para isso, as crianças e os adolescentes devem estar frequentando a escola e a jornada ampliada, ou seja, em um período as crianças e adolescentes devem ir para a escola e no outro período devem ir para a jornada ampliada, onde elas terão um reforço escolar, além de desenvolverem atividades esportivas, culturais, artísticas e de lazer.

Apesar de afirmar como intenção inicial a implantação progressiva do Programa em todas as áreas onde fossem detectadas concentrações de famílias com crianças exercendo tarefas produtivas penosas e degradantes, durante os três últimos anos de sua implantação não foi o que aconteceu.

Neste contexto tenho certeza de que a educação é a política básica para um eficiente combate à pobreza e à miséria, na medida em que transforma as condições de inserção dos futuros trabalhadores no mercado de trabalho, o programa traz de volta à cena uma velha discussão da educação como capital humano e redentora das mazelas sociais, já bastante criticada em função de sua ineficácia.

Isso não significa negar a importância da educação no processo de formação dos cidadãos, mas trata-se de relativizar a sua força de inclusão social, uma vez que esta depende de amplos e contínuos investimentos para que, a longo prazo, apresente os impactos a que se referem essas políticas, o que não tem sido a marca principal da política educacional no Brasil.

Esse processo de gestão do Programa tem sido marcado por conflitos e pressões entre os poderes local e federal. De um lado, os municípios tentam ampliar o atendimento do Programa, buscando a sua universalização; e, de outro, o governo federal tenta manter os gastos e ampliar o atendimento, defendendo uma perspectiva de focalização do problema do trabalho infantil em situações de risco.

A responsabilidade deste e de diversos outros programas sociais, como indicados anteriormente, tem crescido nos últimos anos e insere-se num amplo e complexo processo de descentralização.

3. Marco legal sobre o trabalho infantil

Toda legislação brasileira a respeito do trabalho infantil está orientada segundo os princípios estabelecidos na Constituição Federal de 1988, que estão harmonizados com as atuais disposições da Convenção dos Direitos da Criança, da Organização das Nações Unidas — ONU, e das Convenções n. 138 e 182, da Organização Internacional do Trabalho — OIT.

Na Convenção da ONU de 1989, o art. 32 estabelece que não será permitido nenhum tipo de exploração econômica da criança (até os 18 anos), considerando como exploração qualquer espécie de trabalho que prejudique a escolaridade básica.

A Convenção n. 138, ratificada pelo Brasil em 28 de junho de 2001, estabelece que todo país que a ratifica deve especificar, em declaração, a idade mínima para admissão ao emprego ou trabalho em qualquer ocupação, não se admitindo nenhuma pessoa com idade inferior à definida em qualquer espécie de trabalho.

Em 1999, a OIT aprovou a Convenção n. 182 sobre as piores formas de trabalho infantil com o propósito de suplementar e priorizar, e não de substituir, os esforços de erradicação e prevenção no âmbito da Convenção n. 138 sobre a idade mínima de acesso ao trabalho. A Convenção n. 182, que passou também a fazer parte da lista das convenções fundamentais da Declaração dos Princípios e Direitos Fundamentais do Trabalho da OIT, nasceu da consciência de que, embora todas as formas de trabalho infantil sejam indesejáveis, algumas são hoje absolutamente intoleráveis, demandando ações imediatas por parte dos países-membros que a ratifiquem.

Sendo assim, a adoção dessa Convenção foi praticamente unânime. O Brasil a ratificou em 2 de fevereiro de 2000. Seu texto é bastante preciso em pontos essenciais. O art. 1º estabelece que os Estados-Membros que tenham ratificado essa Convenção "devem tomar medidas imediatas e eficazes", e o art. 3º estabelece quatro categorias claras de piores formas de trabalho infantojuvenil que devem ser abolidas:

a) todas as formas de escravidão ou práticas análogas à escravidão, como vendas e tráfico de crianças, sujeição por dívida e servidão, trabalho forçado ou compulsório, inclusive recrutamento forçado ou compulsório de crianças para serem utilizadas em conflitos armados;

b) utilização, procura e oferta de criança para fins de prostituição, de produção de material pornográfico ou espetáculos pornográficos;

c) utilização, procura e oferta de crianças para atividades ilícitas, particularmente para produção e tráfico de drogas, conforme definidos nos tratados internacionais pertinentes;

d) trabalhos que, por sua natureza ou pelas circunstâncias em que são executados, são suscetíveis de prejudicar a saúde, a segurança e a moral da criança.

O texto estabelece ainda atividades que, por sua natureza ou pelas condições em que são realizadas, são suscetíveis de prejudicar a saúde, a segurança ou a moral das crianças, e que deverão ser determinadas por uma comissão tripartite que, no caso brasileiro, elaborou uma lista de atividades, contempladas pela Portaria n. 20/2001, da Secretaria de Inspeção do Trabalho, do Ministério do Trabalho e Emprego, que discriminou 81 condições de trabalho consideradas insalubres ou perigosas, nas quais o trabalho do adolescente é proibido. A Convenção entrou em vigor no País em 2 de fevereiro de 2001, um ano após sua ratificação pelo governo brasileiro.

Vale ressaltar que persiste discussão sobre o estabelecimento de quais são as piores formas de trabalho infantil. Distinguir qual é a pior pode ser complicado à medida que todas elas, exceto as protegidas, têm o caráter de serem forçadas para a criança. Daí se pode concluir que estabelecer as piores formas não afasta a proibição genérica para qualquer outra forma de trabalho prevista na legislação nacional, apenas delimita um feixe de atividades intoleráveis com potencial para causar prejuízos mais graves à criança e ao adolescente.

Além das convenções internacionais, o Brasil conta com uma estrutura jurídica bastante desenvolvida para reger o trabalho infantojuvenil. Em particular, figuram como fundamentais o art. 7º, inciso XXXIII; o art. 227 da Constituição Federal; os arts. 60 a 69 e 248 da Lei n. 8.069, de 13 de julho de 1990 Estatuto da Criança e do Adolescente — ECA, bem como o Capítulo IV, "Da Proteção do Trabalho do Menor", do Título III da Consolidação das Leis do Trabalho — CLT.

A Emenda n. 20, de 15 de dezembro de 1998, alterou o art. 7º da Constituição Federal, estabelecendo em 16 anos a idade mínima de acesso ao trabalho. Assim, a norma constitucional proíbe qualquer emprego ou trabalho abaixo dos 16 anos, exceção feita apenas ao emprego em regime de aprendizagem, permitido a partir de 14 anos. Abaixo de 18 anos, o trabalho é proibido, sem exceção, quando é perigoso, insalubre, penoso, noturno e prejudicial ao desenvolvimento físico, psíquico, moral e social.

O art. 227 da Constituição Federal determina que são deveres da família, da sociedade e do Estado:

> Art. 227. É dever da família, da sociedade e do estado assegurar à criança e ao adolescente, com absoluta prioridade, o direito à vida, à saúde, à alimentação, à educação, ao lazer, à profissionalização, à cultura, à dignidade, ao respeito, à liberdade e à convivência familiar e comunitária, além de colocá-los a salvo de toda forma de negligência, discriminação, exploração, violência, crueldade e opressão.

O direito à proteção especial deve abranger o respeito à idade mínima, a garantia de acesso do trabalhador adolescente à escola, entre outros. O mesmo artigo sinaliza, ainda, os princípios gerais que devem orientar o legislador ordinário e as políticas públicas e ações governamentais e não governamentais concernentes aos direitos de crianças e adolescentes.

Os arts. 60 a 69 do ECA tratam da proteção ao trabalhador adolescente. O art. 248, inserido no Capítulo II, "Das Infrações Administrativas", do Título VII do ECA, sobre a guarda de adolescente trazido de outra comarca para prestação de serviços domésticos.

Em termos gerais, nossa legislação consagra a doutrina da proteção integral, colocando a criança e o adolescente como prioridade absoluta. Esses elementos foram desenvolvidos privilegiadamente no ECA, que é uma legislação muito completa.

O Estatuto da Criança e do Adolescente prevê a implementação de um Sistema de Garantia de Direitos - SGD e de um Sistema de Proteção, detalhando como se podem implementar os direitos das crianças e adolescentes, a quem cabe garantir esses direitos, estabelecendo também um sistema de denúncias. Por outra parte, encontra-se a CLT, que apresenta dispositivos específicos que visam regular o trabalho dos adolescentes, que também privilegia a questão da frequência escolar.

Os Conselhos de Direitos, de âmbito nacional, estadual e municipal, e os Conselhos Tutelares, criados pelos arts. 88, 131 e 132 do ECA, são corresponsáveis na ação de combate ao trabalho infantil, cabendo a eles cuidar dos direitos das crianças e adolescentes em geral, em parceria com o Ministério Público e o Juizado da Infância e da Adolescência.

Implicitamente, o Estatuto espera que os governos municipais, estaduais e federal adotem políticas públicas que afastem as crianças, com idades inferiores a 16 anos, do mercado de trabalho. Podem ser mencionados os programas de transferência de renda com vinculação à frequência escolar e ao não trabalho infantil, especialmente aqueles que preveem a implementação de jornadas ampliadas, adotados por alguns municípios, Estados da Federação e Governo Federal com essa finalidade.

Além das iniciativas governamentais, os sindicatos, organizações não governamentais e entidades privadas e representativas da sociedade civil têm colaborado para a erradicação do trabalho infantil.

No caso brasileiro, uma tarefa ainda a ser cumprida no âmbito da implementação das Convenções Internacionais é a de promover a definição de mecanismos de punição mais severos àqueles que exploram o trabalho infantil, como estabelecem as Convenções n. 138 e 182.

A legislação brasileira ainda não contemplou uma punição mais severa nesse sentido. Não existe no país nenhum dispositivo legal que considere crime explorar o trabalho da criança. Na atualidade, a fiscalização tem o poder de lavrar autos de infração que podem resultar em uma imposição de multa, mas esta não é uma penalidade no sentido criminal. Não constitui uma criminalização.

A grande questão de fundo que se impõe ao analisar o marco legal brasileiro na área do trabalho infantil diz respeito ao fato de que a Constituição Federal e o ECA não são completamente aplicados nem totalmente compreendidos. Muitas vezes, o Estatuto é aplicado sob conceitos antigos, como os estabelecidos no Código do Menor (que já foi revogado), em que a visão predominante era a de punir as crianças e adolescentes em conflito com a lei.

Muitos dos problemas de exploração sexual e de abuso intrafamiliar ficam sem resolução porque, mesmo que o agente do Sistema de Garantia de Direitos identifique o problema e seja sensível a ele, não tem como efetivamente mudar as condições dessas crianças. O agente trabalha sem condições práticas de solução, desarticulado institucionalmente. Ele esbarra nas mazelas de um sistema ainda não consolidado, que lhe impossibilita dar a proteção devida tal como estabelecida por lei.

Na maioria dos casos, o SGD, que deveria garantir a efetividade dos direitos das crianças previstos em lei, funciona com precários recursos humanos, institucionais, materiais e financeiros.

Funciona em um contexto em que ainda fazem falta mais e melhores políticas de proteção. Na verdade, falta tornar prioridade o problema da criança e do adolescente tal como estabelecido na Constituição. Se a criança fosse tratada como prioridade absoluta, não existiriam tantas lacunas, não seria uma discussão constante a escassez de recursos financeiros, sempre submetidos a cortes nos orçamentos públicos.

Em geral, a sociedade tem optado por subordinar a área social ao setor econômico. Há um consenso de que não havendo crescimento econômico, não há como sustentar e desenvolver o social.

A questão do trabalho infantil deve ser sempre enfocada na perspectiva dos Direitos Humanos. Direitos que são fundamentais e inalienáveis e, portanto, não são negociáveis. As leis vigentes são instrumentos legais que buscam garantir esses direitos. Por esse motivo, não se pode aceitar uma discussão sobre a inadequação de instrumentos que são muito avançados.

Outro aspecto dessa mesma discussão enfatiza que, no caso brasileiro, todo trabalho insalubre, degradante ou perigoso é considerado uma pior forma de trabalho infantil, inclusive para os adolescentes com idade entre 16 e 18 anos, aos quais já é garantido o acesso legal ao mercado de trabalho.

Finalmente, outro tema que ainda deverá ser tratado com profundidade diz respeito ao trabalho infantil artístico e esportivo. Muitas crianças e adolescentes vivem o fenômeno da profissionalização precoce nas atividades artísticas e esportivas. Crianças e adolescentes, muitos dos quais provenientes das classes média e alta, são expostos a intensas jornadas de treinamento, ensaio, preparo físico e estudo, a fim de atingir performances que podem estar além de suas capacidades normais.

A fronteira entre o lúdico e o competitivo é difusa; o grau de tensão, estresse, cansaço e sacrifício envolvidos nessas atividades nos obrigam a analisá-las a partir das muitas questões colocadas quando se fala do trabalho infantil, como ele se apresenta nos segmentos mais pobres da sociedade.

3.1. As piores formas de trabalho infantil

Aprovada no Brasil pelo Decreto Legislativo n. 178/99 e promulgada pelo Decreto n. 3.597/00, a Convenção n. 182 da OIT, de 17 de junho de 1999, dispõe sobre a proibição das piores formas de trabalho infantil e a ação imediata para sua eliminação, que diz:

> Para os efeitos desta Convenção, o termo *criança* aplicar-se-á a toda pessoa menor de 18 anos (art. 2º da Convenção n. 182). Não confundir com a noção de que criança é a pessoa menor de 12 anos de idade, enquanto adolescente é aquela entre 12 e 18 anos de idade (art. 2º, *caput*, da Lei n. 8.069/90 — ECA).

Para os objetivos da OIT, a expressão as piores formas de trabalho infantil compreendem:

a) todas as formas de escravidão ou práticas análogas à escravidão, como venda e tráfico de crianças, sujeição por dívida, servidão, trabalho forçado ou compulsório, inclusive recrutamento forçado ou compulsório de crianças para serem utilizadas em conflitos armados;

b) utilização, demanda e oferta de criança para fins de prostituição, produção de material pornográfico ou espetáculos pornográficos;

c) utilização, demanda e oferta de crianças para atividades ilícitas, particularmente para a produção e tráfico de drogas conforme definidos nos tratados internacionais pertinentes;

d) trabalhos que, por sua natureza ou pelas circunstâncias em que são executados, são susceptíveis de prejudicar a saúde, a segurança e a moral da criança. (art. 3º da Convenção n. 182).

Obviamente, "todas as formas de escravidão", "práticas análogas à escravidão", "venda e tráfico" (de pessoas), "atividades ilícitas", "produção e tráfico de drogas", entre outras atividades análogas, são vedadas, inclusive, a trabalhadores adultos e podem configurar práticas criminosas.

Todo Estado-membro, inclusive o Brasil, tem a obrigação de adotar as medidas efetivas para, nos termos do art. 7º, 2, da Convenção n. 182 da OIT:

a) impedir a ocupação de crianças nas piores formas de trabalho infantil;

b) dispensar a necessária e apropriada assistência direta para retirar crianças das piores formas de trabalho infantil e assegurar sua reabilitação e integração social;

c) garantir o acesso de toda criança retirada das piores formas de trabalho infantil à educação fundamental gratuita e, quando possível e conveniente, à formação profissional;

d) identificar crianças particularmente expostas a riscos e entrar em contato direto com elas; e

e) levar em consideração a situação especial das meninas.

A Convenção n. 182 e a Recomendação n. 190 da OIT, ambas sobre a proibição das piores formas do trabalho infantil, não mencionam o trabalho doméstico. Logo, não vedam o exercício do trabalho doméstico aos menores de 18 anos.

4. Considerações finais

Apesar das muitas dificuldades existentes no início do Programa ainda continuarem existindo, o PETI revela que algumas inovações significativas vêm sendo construídas, destacando-se, nesse sentido, àquelas relacionadas aos aspectos pedagógicos com a consolidação de uma concepção de escola de tempo integral, o que certamente vem materializando uma maior integração entre as jornadas regular e complementar, investimento na qualificação dos professores, que, em alguns Estados e municípios, trabalham de forma integrada.

Vale destacar, ainda, que a ampliação do Programa, por si só, não garante a erradicação definitiva do trabalho infantil no país, apesar de permitir a sua suspensão de imediato. Para a consecução efetiva da meta de erradicar o trabalho infantil, torna-se fundamental que se consolidem investimentos na construção de uma nova mentalidade que combata a visão de mundo sobre o trabalho que se encontra arraigada nesse ambiente socioeconômico e cultural.

É importante que se abram novas perspectivas para a criança e o adolescente, em que o trabalho precoce se constitui na única alternativa para a sua formação. Formação esta que tradicionalmente não se dá na escola, mas na labuta diária, no cotidiano penoso do trabalho pesado, insalubre, que acaba com qualquer perspectiva de futuro em que a cidadania verdadeiramente se instaure.

Torna-se, assim, necessário que sejam feitos investimentos na qualidade política da implantação do Programa, o que significa ir além de seus aspectos formais, buscando-se discutir e consolidar um novo projeto social. Nesta perspectiva, inclusive, são de fundamental importância o acompanhamento e a avaliação permanente dos resultados do Programa naqueles aspectos que revelam as perspectivas para a viabilização das mudanças aqui apontadas.

5. Referências bibliográficas

BELLONI, I. (Org.) (2000). *Metodologia de avaliação em políticas públicas*: uma experiência em educação profissional. São Paulo: Cortez.

CORREA, Lelio Bentes; VIDOTTI, Tárcio José. *Trabalho infantil e direitos humanos*. São Paulo: LTr, 2005.

FIGUEIREDO, Antonio Borges de. *Prescrição trabalhista*. Porto Alegre: Síntese, 2002.

GADELHA, R. M. A. (Org.). *Globalização, metropolização e políticas neoliberais*. São Paulo, EDUC.

LIBERATI, Wilson Donizete. DIAS, Fabio Muller Dutra. *Trabalho infantil*. São Paulo: Malheiros, 2006.

OIT — ORGANIZAÇÃO INTERNACIONAL DO TRABALHO. Convenção n. 182 e Recomendação n. 190. Sobre proibição das piores formas de trabalho infantil e ação imediata para a sua eliminação.

OLIVA, Jose Roberto Dantas. *O princípio da proteção integral e o trabalho da criança e do adolescente no Brasil*. São Paulo: LTr, 2006.

OLIVEIRA, Oris de. *O trabalho da criança e do adolescente*. São Paulo: LTr; Brasília: OIT, 1994.

SAAD, Eduardo Gabriel. *Constituição e direito do trabalho*. São Paulo: LTr, 1989.

4. A possibilidade legal de o empregado ser remunerado de forma variável ou participar nos resultados de entidades sem fins lucrativos no Brasil

Carlos José Kurtz[(*)]

1. Introdução

É cada vez maior a tendência de os empregados serem remunerados por intermédio de parcelas variáveis, sejam essas pagas pelo empregador ou por terceiros.

Da mesma forma, percebe-se um aumento no número de empresas adotando a prática de conceder a seus empregados o pagamento de valores decorrentes dos resultados positivos obtidos, denominados como "participação nos resultados", "participação nos lucros", ou ainda "bonificação pelo atingimento de metas".

Essa parcela é medida de incentivo ao trabalho, paga geralmente de forma anual pelo empregador, e depende de critérios previamente estabelecidos visando ao atingimento de metas para seu deferimento, que devem ser pactuadas com a chancela do sindicato obreiro.

2. Remuneração Variável

O art. 457 da Consolidação das Leis do Trabalho estabeleceu distinção entre salário e remuneração, nos seguintes termos:

> Art. 457. Compreendem-se na remuneração do empregado, para todos os efeitos legais, além do salário devido e pago diretamente pelo empregador, como contraprestação do serviço, as gorjetas que receber.
>
> § 1º Integram o salário não só a importância fixa estipulada, como também as comissões, percentagens, gratificações ajustadas, diárias para viagens e abonos pagos pelo empregador.
>
> § 2º Não se incluem nos salários as ajudas de custo, assim como as diárias para viagem que não excedam de 50% (cinquenta por cento) do salário percebido pelo empregado.
>
> § 3º Considera-se gorjeta não só a importância espontaneamente dada pelo cliente ao empregado, como também aquela que for cobrada pela empresa ao cliente, como adicional nas contas, a qualquer título, e destinada a distribuição aos empregados.

(*) Advogado, Especialista em Direito Ambiental e Especialista em Serviços Sociais Autônomos. Diretor Jurídico da Federação das Indústrias de Santa Catarina. Secretário-Geral da Câmara de Mediação e Arbitragem do Centro das Indústrias do Estado de Santa Catarina. Integrante do Conselho de Relações de Trabalho da Confederação Nacional das Indústrias. Mestrando em Direito Laboral e Relações Internacionais Laborais na Universidade Nacional de Três de Fevereiro — UNTEF.

Nesse norte, percebe-se pela própria redação do dispositivo legal transcrito, que a remuneração é mais abrangente que o salário, pois sobre ele incidem parcelas variáveis e pagas por terceiros, como as gorjetas, por exemplo.

Na lição de Valentin Carrion, *"o significado do vocábulo inclui o salário indireto (gorjetas) e o salário direto pago pelo empregador*[2]*"*.

Dessa forma, temos que o salário é *a retribuição devida e paga diretamente pelo empregador ao empregado, de forma habitual, não só pelos serviços prestados, mas pelo fato de se encontrar à disposição daquele, por força do contrato de trabalho*[3].

Já a remuneração é *a retribuição devida e paga ao empregado não só pelo empregador, mas também por terceiro, de forma habitual, em virtude do contrato de trabalho*[4].

As parcelas variáveis quando recebidas com habitualidade passam a incorporar a remuneração do empregado para todos os fins, refletindo, por exemplo, no valor das férias, 13º salário e FGTS.

A respeito do tema, ilustra o julgado do Tribunal do Trabalho da 12ª Região:

> CELESC. TERÇO CONSTITUCIONAL DE FÉRIAS. BASE DE CÁLCULO. PARCELAS VARIÁVEIS. Da interpretação sistemática da legislação trabalhista e, em especial, do disposto nos arts. 457, § 1º, e 142 e parágrafos, ambos da CLT, depreende-se que as parcelas salariais percebidas com habitualidade pelo empregado, seja de forma fixa ou de forma variável, é que devem integrar o cálculo da remuneração de férias, que inclui o acréscimo do terço constitucional. (RO 0003966-71.2010.5.12.0030, SECRETARIA DA 2ª TURMA, TRT12, EDSON MENDES DE OLIVEIRA, publicado no TRTSC-DOE em 1º.8.2011)

Note-se que mesmo as parcelas variáveis pagas por terceiros, como ocorre no caso das gorjetas, incorporam-se à remuneração do empregado para fins de cálculo das férias + 1/3 e 13º salário, consoante pacificou o Tribunal Superior do Trabalho com a edição da Súmula n. 354, nos seguintes termos:

> N. 354 GORJETAS. NATUREZA JURÍDICA. REPERCUSSÕES - Revisão da Súmula n. 290 - Res. n. 23/1988, DJ 24.3.1988
>
> As gorjetas, cobradas pelo empregador na nota de serviço ou oferecidas espontaneamente pelos clientes, integram a remuneração do empregado, não servindo de base de cálculo para as parcelas de aviso-prévio, adicional noturno, horas extras e repouso semanal remunerado.
>
> (Res. 71-1997, DJ 30.05.1997)

3. Participação nos Resultados

No que tange à participação nos resultados, a Constituição Federal de 1988 determina no § 4º do art. 218 o seguinte:

> Art. 218. O Estado promoverá e incentivará o desenvolvimento científico, a pesquisa e a capacitação tecnológicas.
>
> (...)

---

(2) CARRION, Valentim. *Comentários à Consolidação das Leis do Trabalho*. 37 ed. São Paulo: Saraiva, 2012. p. 360.
(3) BARROS, Alice Monteiro de. *Curso de direito do trabalho*. 2. ed. São Paulo: LTr, 2006. p. 591.
(4) *Idem*.

§ 4º A lei apoiará e estimulará as empresas que invistam em pesquisa, criação de tecnologia adequada ao País, formação e aperfeiçoamento de seus recursos humanos **e que pratiquem sistemas de remuneração que assegurem ao empregado, desvinculada do salário, participação nos ganhos econômicos resultantes da produtividade de seu trabalho**. (grifo nosso)

Pela leitura da norma constitucional, não se olvida a intenção da Lei Maior em estender sistemas de remuneração resultantes da produtividade a todas as empresas e seus empregados, sem exceção, de forma desvinculada do salário.

Não há vedação constitucional às empresas — independentemente da sua natureza — que pretendam instituir sistemas de remuneração resultantes da produtividade.

No âmbito da legislação infraconstitucional, o PPR — Programa de Participação nos Resultados, inserido no ordenamento jurídico pela Lei n. 10.101, de 19 de dezembro de 2000, que dispõe sobre a participação dos trabalhadores nos lucros ou resultados da empresa e dá outras providências, possui formato atrativo para sua instituição.

É que conforme seu art. 3º, o PPR não constitui base de incidência de encargos trabalhistas, ou seja, não é base de cálculo para as contribuições previdenciárias, incidindo, apenas o Imposto de Renda com retenção direta na fonte, na forma do § 5º do mesmo artigo.

Art. 3º A participação de que trata o art. 2º não substitui ou complementa a remuneração devida a qualquer empregado, nem constitui base de incidência de qualquer encargo trabalhista, não se lhe aplicando o princípio da habitualidade.

(...)

§ 5º A participação de que trata este artigo será tributada pelo imposto sobre a renda exclusivamente na fonte, em separado dos demais rendimentos recebidos, no ano do recebimento ou crédito, com base na tabela progressiva anual constante do Anexo e não integrará a base de cálculo do imposto devido pelo beneficiário na Declaração de Ajuste Anual.[5]

Note-se que a Receita Federal do Brasil, por intermédio da Instrução Normativa n. 1.433, de 30 de dezembro de 2013, instituiu nova tabela progressiva de tributação do imposto sobre a renda incidente sobre o valor da participação dos trabalhadores nos lucros ou resultados da empresa, isentando do pagamento do imposto de renda aqueles que recebem até R$ 6.270,00 (seis mil duzentos e setenta reais).

Desde já, cabe ressaltar quanto à natureza não salarial do PPR, trazendo à baila o entendimento do TST — Tribunal Superior do Trabalho:

RECURSO DE REVISTA DO RECLAMANTE. PARTICIPAÇÃO NOS LUCROS. REFLEXOS. DIFERENÇAS SALARIAIS. Em que pese o entendimento desta Relatora, a Subseção I Especializada em Dissídios Individuais desta Corte, analisando a questão sob a ótica da eficácia e do alcance da norma coletiva, definida em caráter excepcional, decidiu pela sua validade, mediante voto prevalente da Presidência, afastando a natureza salarial da "participação nos lucros e resultados". Recurso de revista de que se conhece e a que se nega provimento. (RR – 171000-59.2003.5.02.0462, relatora Ministra: Kátia Magalhães Arruda, Data de Julgamento: 5.5.2010, 5ª Turma, Data de Publicação: DEJT 14.5.2010)

---

(5) BRASIL. Retirado do *site*: <http://www.planalto.gov.br/ccivil_03/leis/l10101.htm> Acesso em: 13 ago. 2014.

(...) PARTICIPAÇÃO NOS LUCROS E RESULTADOS. PAGAMENTO PARCELADO. PREVISÃO EM NORMA COLETIVA. NATUREZA JURÍDICA. Não detém natureza salarial o pagamento da participação nos lucros ou resultados na empresa, devendo ser reconhecida como válida a norma coletiva que, expressamente, retratando a vontade de sindicato profissional e empresa, dispôs que o pagamento da participação nos lucros seria feito de forma parcelada e mensal. Orientação Jurisprudencial da SBDI-1 Transitória n. 73. Recurso de revista não conhecido. (TST – ARR: 951003920045020461, relator: Aloysio Corrêa da Veiga, Data de Julgamento: 13.8.2014, 6ª Turma, Data de Publicação: DEJT 12.9.2014)

Para instituição do PPR, há que se estabelecer negociação entre empresas e empregados, com a pactuação de regras claras e objetivas, fixando a forma de aquisição do direito e a distribuição dos resultados, em instrumento depositado na entidade sindical dos trabalhadores.

Alice Monteiro de Barros[6] ensina que a Constituição de 1988 torna obrigatória a participação nos lucros e resultados, conforme for definido em lei, mas deixa clara a sua natureza não salarial (art. 7º, XI, e art. 218, IV); sua natureza equivale a uma "técnica de incentivo" e, por força de preceito constitucional, não integra o salário, tampouco a remuneração para nenhum efeito legal.

De qualquer sorte, o PPR é um instituto relativamente novo no ordenamento jurídico brasileiro, considerando principalmente que a Lei n. 10.101 iniciou sua vigência há aproximadamente 14 (quatorze) anos.

4. Participação nos Resultados x Remuneração Variável

Não raro a participação nos resultados é confundida com remuneração variável, que nada mais é do que o acréscimo ao salário fixo de parcela variável, conforme exposto anteriormente.

Neste ponto, vale o ensinamento de Mauricio Godinho Delgado[7] quando afirma que "É a comissão, como visto, modalidade de salário variável, razão por que se sujeita à regra protetiva fixada tanto pelo art. 78 da CLT, como pelo art. 7º, VII, da CF/88 (a par de art. 1º, Lei n. 8.716/93): garantia de salário nunca inferior ao mínimo legal aplicável para qualquer empregado comissionista" e "Sujeitam-se também as comissões à regra de integração ao conjunto salarial obreiro, conforme o efeito expansionista circular próprio aos salários".

Alice Monteiro de Barros[8] salienta "que essa forma mista de pagamento de salário, que combina tempo com resultado, é considerada simples. Ela será composta quando o salário por tarefa vier acompanhado de prêmios".

Sobre o tema, é da jurisprudência do Tribunal Regional do Trabalho da 12ª Região:

COMISSIONISTA MISTO. FORMA DE PAGAMENTO DAS HORAS EXTRAS. Ao comissionista misto, entendido como tal o empregado que percebe uma parte da remuneração de forma fixa e outra variável, a contraprestação relativa à sobrejornada compõe-se do valor-hora mais o adicional

---

(6) BARROS, Alice Monteiro de. *Curso de direito do trabalho*. 2 ed. São Paulo: LTr, 2006. p. 760.
(7) DELGADO, Mauricio Godinho. *Curso de direito do trabalho*. 8 ed. São Paulo: LTr, 2009. p. 692.
(8) BARROS, Alice Monteiro de. *Curso de direito do trabalho*. p. 780.

extraordinário, em relação à parcela fixa; em relação às comissões (parcela variável), a reparação contempla apenas o adicional. Diretriz da Orientação Jurisprudencial n. 397 da SBDI-1 do TST. (RO 0004173-02.2011.5.12.0009, SECRETARIA DA 2ª TURMA, TRT12, LOURDES DREYER, publicado no TRTSC-DOE em 9.12.2013)

COMISSIONISTA MISTO. HORAS EXTRAS. BASE DE CÁLCULO. APLICAÇÃO DA SÚMULA N. 340 DO TST. O empregado que recebe remuneração mista, ou seja, uma parte fixa e outra variável, tem direito a horas extras pelo trabalho em sobrejornada. Em relação à parte fixa, são devidas as horas simples acrescidas do adicional de horas extras. Em relação à parte variável, é devido somente o adicional de horas extras, aplicando-se à hipótese o disposto na Súmula n. 340 do TST. (RO 0007057-80.2012.5.12.0037, SECRETARIA DA 2ª TURMA, TRT12, MARCOS VINICIO ZANCHETTA, publicado no TRTSC-DOE em 11.11.2014)

Vale também colacionar a posição do TST:

COMISSIONISTA IMPRÓPRIO — HORAS EXTRAS — BASE DE CÁLCULO. O comissionista impróprio, ou seja, aquele que recebe um fixo mais comissões pela sua produção, e que faz horas extras, tem direito de ser remunerado da seguinte forma: relativamente à parte variável de seu ganho (comissões), incide apenas o adicional, uma vez que a hora trabalhada, além da jornada normal, já está remunerada pelo pagamento das comissões (Súmula n. 340 do TST); já sobre a parte fixa, o empregado recebe o valor da hora acrescido do respectivo adicional. Embargos de declaração de ambas as partes rejeitados. (ED-RR – 32800-82.2002.5.17.0141, Data de Julgamento: 29.3.2006, relator Ministro: Milton de Moura França, 4ª Turma, Data de Publicação: DJ 20.4.2006)

Assim, a remuneração variável paga pelo empregador implica na repercussão sobre a parcela de FGTS, aviso-prévio, 13º salário, férias etc. compondo também o correspondente salário de contribuição.

Por sua vez, graças à sua natureza específica, os valores recebidos a título de PPR possuem tratamento diferenciado.

Inclusive, essa diferenciação que lhe é inerente confere certa flexibilidade quanto à forma de pagamento da parcela, já que suas normas podem ser revistas e adequadas ao cenário econômico e particular de cada empresa.

Não é raro o ajuizamento de demandas judiciais postulando a incorporação dos valores recebidos como participação nos resultados ao salário (e, por consequência, à remuneração) do trabalhador, da mesma forma como ocorreria com as demais parcelas de remuneração variável.

Nesse liame, cabe ao Juiz verificar a validade da avença que instituiu o pagamento da parcela, a fim de decidir quanto à sua natureza e a incorporação ou não desta à remuneração.

Sobre o tema, apresenta-se decisão do TST:

AGRAVO DE INSTRUMENTO EM RECURSO DE REVISTA. REFLEXOS DA PARTICIPAÇÃO NOS LUCROS. PARCELAMENTO. PREJUDICADO O EXAME. Considerando a decisão proferida no processo que corre junto (RR-176900-39.2004.5.15.0102), que afastou a integração da participação nos lucros no salário, não há como se acolher a pretensão recursal que tem como objeto os correspondentes reflexos da parcela em comento, ficando, por este motivo, prejudicado o exame do presente Agravo de Instrumento. (TST – AIRR: 1769402120045150102 176940-21.2004.5.15.0102, relatora: Maria de Assis Calsing, Data de Julgamento: 14.9.2011, 4ª Turma, Data de Publicação: DEJT 23.9.2011)

Nessa esteira, temos que a observância dos ditames legais pertinentes à matéria e a pactuação por meio de norma coletiva conferem validade ao ajuste que institui o pagamento da participação nos resultados.

Dessa forma, percebe-se que a participação nos lucros ou resultados não se incorpora à remuneração do trabalhador, pois se trata de parcela específica, com previsão constitucional e regulada por lei específica, ao contrário do que ocorre com a remuneração variável.

5. A Participação nos Resultados nas Entidades Sem Fins Lucrativos

Traçadas as premissas acima, observamos que as entidades sem fins lucrativos podem remunerar seus empregados de ambas as formas (tanto de forma variável quanto por intermédio de PPR).

Acerca dessa questão, cumpre transcrever o disposto no § 3º do art. 2º da Lei n. 10.101/00, que determina:

> § 3º Não se equipara a empresa, para os fins desta Lei:
>
> I – a pessoa física;
>
> II – a entidade sem fins lucrativos que, cumulativamente:
>
> a) não distribua resultados, a qualquer título, ainda que indiretamente, a dirigentes, administradores ou empresas vinculadas;
>
> b) aplique integralmente os seus recursos em sua atividade institucional e no País;
>
> c) destine o seu patrimônio a entidade congênere ou ao poder público, em caso de encerramento de suas atividades;
>
> d) mantenha escrituração contábil capaz de comprovar a observância dos demais requisitos deste inciso, e das normas fiscais, comerciais e de direito econômico que lhe sejam aplicáveis.

Em simetria ao disposto na legislação vigente, a entidade sem fins lucrativos que se enquadrar nos ditames do dispositivo legal acima transcrito não está obrigada a instituir programa de participação nos resultados.

Nesse ponto, cabe destacar, quanto à possibilidade de instituição do PPR nos serviços sociais autônomos, o entendimento do TCU — Tribunal de Contas da União, no sentido de ser possível a instituição do Programa de Participação nos Resultados com base na Lei n. 10.101, em decisão publicada em 8 de novembro de 2012:

> Nesses termos, concluo que o SESI instituiu direito social previsto constitucionalmente (art. 7º, inciso XI), enquadrando-se na distribuição de resultados, estando correta a fundamentação na Lei n. 10.101/2000, uma vez não preencher, cumulativamente, os requisitos previstos no inciso III do § 3º do art. 2º da referida lei, notadamente sua alínea "c".[9]

Acompanhando tal posicionamento, maior destaque merece o julgamento proferido pelo Tribunal de Contas da União nos autos do Processo n. 010.375-2014-7, que trata do mesmo tema, e do qual se extrai a seguinte ementa:

---

(9) Acórdão do TCU de 8 de dezembro de 2012, Primeira Câmara, Ministra relatora Ana Arraes, nos autos do TC 025.679-2010-04.

REPRESENTAÇÃO DETERMINADA POR ACÓRDÃO. PROGRAMA DE PARTICIPAÇÃO NOS LUCROS E RESULTADOS. Lei n. 10.101-2000. DISTINÇÃO CONSTITUCIONAL E LEGAL ENTRE LUCROS E RESULTADOS. INDEPENDÊNCIA DE SUPERÁVIT FINANCEIRO. POSSIBILIDADE POR CRITÉRIO OUTROS QUE ECONÔMICOS. NATUREZA DO SISTEMA S. DIREITOS FUNDAMENTAIS DO TRABALHADOR. CARACTERÍSTICA *SUI GENERIS* DO SISTEMA S SINDICAL A AFASTAR A POSSIBILIDADE DE SUA CONGENERIDADE COM A CONFEDERAÇÕES SINDICAIS. RESTRIÇÃO NÃO AUTORIZADA PELA CONSTITUIÇÃO. HERMENÊUTICA DE DIREITO PRIVADO, AFASTADAS PREMISSAS DE DIREITO ADMINISTRATIVO. TRABALHOS LEGISLATIVOS. JURISPRUDÊNCIA DO SUPREMO TRIBUNAL FEDERAL. CONHECIMENTO. POSSIBILIDADE DE APLICAÇÃO DA NORMA. RECOMENDAÇÃO E AUTORIZAÇÕES. ARQUIVAMENTO DOS AUTOS. (Acórdão 3554-2014 – TCU – Plenário)

Do Voto proferido no processo retromencionado, transcreve-se:

"11. Exsurge daí uma segunda questão: a expressão 'resultado' é sinônima da locução 'lucro', para os fins da Lei n. 10.101/2000?

12. Decerto que não. Pela simples razão de que, se a Lei permite quem não tenha finalidade lucrativa equiparar-se à empresa, é consequência lógica que ela não distribui lucros, mas resultados. Neste sentido foi preciso o Memorial distribuído pelo Sesi e pelo Senai Nacionais, em especial pela doutrina nele colacionada.

13. O famoso doutrinador trabalhista, Sérgio Pinto Martins, afirma que o tempo resultado não se confunde com lucro, pois aquele tem a ver com resultados positivos, no sentido mesmo do atingimento de metas (*In Participação nos Lucros e Resultados*. Os 20 anos da Constituição da República Federativa do Brasil. São Paulo: Atlas, 2006).

14. No mesmo sentido o substancioso parecer do ex-Ministro do STF, Eros Grau, afirmando que a palavra resultado não é sinônimo de lucros, em interpretação sistemática da Constituição, confrontando o inciso IX do art. 7º com o §4º do art. 218 da Carta Magna."

E mais:

"33. Pergunto se seria possível um *distinguishing* entre os trabalhadores protegidos pelo art. 7º da Constituição Federal e os empregados do Sistema S?

34. Desenganadamente, isto é impossível juridicamente.

35. A Constituição fez as distinções quando quis. No caso dos servidores públicos, disse em seu art. 39:"§3º Aplica-se aos servidores ocupantes de cargo público o disposto no art. 7º, IV, VII, VIII, IX, XII, XIII, XV, XVI, XVII, XIX, XX, XXII e XXX, podendo a lei estabelecer requisitos diferenciados de admissão quando a natureza do cargo o exigir". Portanto, tudo mais não seria aplicável.

(...)

37. Não há uma só linha que excepcione os empregados do Sistema S Sindical aos planos direitos trabalhistas postos no inciso IX do art. 7º da CF: "XI – participação nos lucros, ou resultados, desvinculada da remuneração, e, excepcionalmente, participação na gestão da empresa, conforme definido em lei;"(grifo nosso)

38. E todos sabemos que nossa Constituição aderiu à teoria das limitações explícitas dos direitos fundamentais, tal como exposta por Karl August Bettermann (*Grenzen der Grundrechte*, Berlin, Walter de Gruyter, 1968, p. 7).

(...)

41. Não havendo autorização constitucional para normas restringíveis ou completáveis em termos de direitos fundamentais trabalhistas para os empregados do Sistema S Sindical, não há que se falar em qualquer possibilidade de intervenção ou mitigação em tais direitos.

42. Em sendo assim, usufruem às inteiras dos direitos decorrentes do inciso XI do art. 7º da Constituição."

Portanto, não há óbice aos empregados das entidades do Sistema S quanto ao recebimento de participação nos resultados.

Ora, se para os serviços sociais autônomos tal possibilidade encontra-se amparada pelo próprio Tribunal de Contas da União, muito mais legitimadas estão aquelas entidades sem fins lucrativos que não recebem qualquer verba ou subvenção estatal, como no caso de entidades fechadas de previdência complementar.

A respeito do tema, ilustra a jurisprudência:

Professor. PLR. Abono especial devido pelas escolas sem fins lucrativos previsto em convenções coletivas. Lei n. 10.101/00. O fato de a lei excluir a obrigatoriedade das entidades sem fins lucrativos de negociar o pagamento de participação nos lucros e resultados, não obsta que elas o façam espontaneamente. (TRT-2 – RECORD: 188200944202006 SP 00188-2009-442-02-00-6, relator: RAFAEL E. PUGLIESE RIBEIRO, Data de Julgamento: 2.3.2010, 6ª TURMA, Data de Publicação: 17.3.2010)

Note-se que muito embora não estejam obrigadas a instituir programa de participação nos resultados, as entidades sem fins lucrativos podem realizar o pagamento da parcela.

Claro que todos os requisitos já mencionados (atingimento de metas preestabelecidas e previsão em acordo ou convenção coletiva) devem ser observados para que o pagamento da parcela preserve sua natureza não salarial.

A remuneração variável ou a participação nos lucros representam valiosos instrumentos na busca da eficiência, tanto que mesmo as entidades sem fins lucrativos tem a possibilidade legal de utilizá-lo.

No caso da participação nos resultados prevista na Lei n. 10.101/2000, a possibilidade de negociação semestral, a presença do sindicato e a não incorporação ao salário confere especial flexibilidade ao processo.

Não há dúvidas de que a realidade moderna exige respostas firmes e de qualidade e ferramentas de gestão como a remuneração variável e a participação nos lucros estão plenamente sintonizadas com esse objetivo.

6. Considerações finais

Conforme exposto anteriormente, o empregado, portanto, pode ser remunerado de forma variável, com diferentes repercussões em seu contrato de trabalho.

No caso da remuneração variável clássica, há incorporação ao seu contrato de trabalho com todos os reflexos legais correspondentes.

Já na participação dos resultados, prevista inclusive na Constituição Federal, não há incorporação e sua permanência é precária, visto que dependente de negociação coletiva e do atingimento de metas preestabelecidas.

Ambos pretendem a valorização do trabalho e a busca do resultado como um objetivo comum de empregados e empregadores.

7. Referências bibliográficas

BARROS, Alice Monteiro de. *Curso de direito do trabalho*. 2. ed. São Paulo: LTr, 2006.

BRASIL. Acórdão do TCU de 8 de dezembro de 2012, Primeira Câmara, Ministra Relatora Ana Arraes, nos autos do TC 025.679-2010-04.

_____. Retirado do *site*: <http:www.planalto.gov.br-ccivil_03-leis-l10101.htm> Acesso em: 13 ago. 2014.

CARRION, Valentim. *Comentários à Consolidação das Leis do Trabalho*. 37 ed. São Paulo: Saraiva, 2012.

DELGADO, Mauricio Godinho. *Curso de direito do trabalho*. 8 ed. São Paulo: LTr, 2009.

5. Duração do trabalho e a importância do limite

Francisco Claudio Alves de Araújo[*]

1. Introdução

O presente estudo é resultado da busca por um conhecimento mais aprofundado acerca do instituto do tempo de trabalho. Por meio destes escritos, é possível obter uma melhor compreensão da relevância temática e sua importância para o desenvolvimento da sociedade.

A análise do tempo de trabalho e mais especificamente da duração da jornada também nos permite definir a quantidade de tempo que o trabalho consome das vidas das pessoas e, a partir daí, estabelecer a relação direta deste com a qualidade de vida do trabalhador.

Antes, é importante trazer ao texto a definição do que se entendo como Jornada de Trabalho. *"Jornada de trabalho é o lapso temporal diário em que o empregado se coloca à disposição do empregador em virtude do respectivo contrato."* (DELGADO, 2008. p. 932)

Assim, a jornada de trabalho é a medida principal do tempo que o obreiro dispensa diariamente em favor do ente empregador como resultado do cumprimento do contrato de trabalho que os mantêm vinculados.

Como é por meio da jornada laboral que se afere o tempo de prestação de trabalho ou, pelo menos o tempo que o obreiro permanece à disposição do empregador; a partir dela também pode ser mensurada a extensão de transferência de força de trabalho em favor do empregador dentro de um contexto de relação empregatícia. Sendo a jornada, portanto, um medidor entre as obrigações obreiras e as vantagens empresariais. Por isso tem posição relevante no cotidiano trabalhista e no conjunto das regras inerentes ao Direito do Trabalho.

O horário de trabalho possibilita as mais diversas formas de maleabilização; todavia, neste estudo, será dada atenção especial aos seguintes aspectos: Histórico, Limitação da Jornada de Trabalho e sua Função Social; O tempo de trabalho seus aspectos históricos mais relevantes; além de uma ênfase sobre a fixação de limites à jornada de trabalho dentro do aspecto legalista.

---

[*] Advogado sócio do Escritório de Advocacia Alves e Peixoto na cidade de Serrita-PE, bacharel em direito pela FBV (Faculdade de Boa Viagem – Recife-PE). Consultor jurídico para empresas de médio a grande porte. Palestrante convidado de entidades educacionais. Participante de diversos cursos, congressos e seminário. Advogado da Prefeitura de Cedro-PE. Mestrando em Direito do Trabalho e Relações Internacionais do Trabalho pela Universidad Nacional de Tres de Febrero – UNTREF.

Convém salientar que diversos fatores, como a crise econômica e as inovações tecnológicas, desencadearam a existência de novas formas de organização do trabalho e mais especificamente do tempo de trabalho.

Em decorrência das mudanças políticas, econômicas, culturais e tecnológicas em curso no atual sistema de produção, envolvendo trabalhadores, empresários, governantes, dirigentes de organizações sindicais e populares, a flexibilização do tempo de trabalho passou a ocupar posição de destaque. Assim, o procedimento flexibilizatório deve ser tratado como uma tendência natural das relações de trabalho diante das mudanças socioeconômicas e das novas formas de manifestação do capital.

O objetivo principal desse estudo é tratar das possibilidades transformadoras do velho conceito de tempo de trabalho, tendo por ponto de partida as antigas concepções, até se chegar à atualidade, com a redefinição da própria relação entre o homem, o tempo e o trabalho. Sendo certo que essa relação tripartite, que por diversas vezes se confunde, foi reestruturada, e o direito do trabalho precisa acompanhar essas mudanças.

Enfim, o presente estudo trata-se de uma abordagem sobre o horário de trabalho sob uma nova perspectiva, que se baseia no tempo de trabalho efetivo e também no tempo que o obreiro fica à disposição do empregador. Observa-se que o próprio conceito de tempo de trabalho do art. 4º da CLT ganha novos contornos com o objetivo de se adaptar à nova realidade social.

2. Histórico, limitação da jornada de trabalho e sua função social

Em se tratando de relações de trabalho, mais especificamente de horário de trabalho, a nossa história já travou muitas discussões relevantes, sempre objetivando proteger o trabalhador e preservar sua saúde física e psíquica.

Antes de adentrarmos nos aspectos históricos acerca do tempo de labor, é importante uma correta compreensão daquilo que se entende como sendo "jornada de trabalho". Dal Rosso em seus estudos sobre o tempo de trabalho ressaltou que a jornada de trabalho se expressa primeiramente pelo seu componente de duração, que compreende a quantidade de tempo que o trabalho consome das vidas das pessoas. (DAL ROSSO, 2005)

O período considerado no conceito de jornada corresponde ao lapso temporal diário, em face de o verbete, em sua origem, referir-se à noção de *dia* (por exemplo, no italiano: *giorno — giornata*; e no francês: *jour — journée*). Jornada, portanto, traduz, no sentido original (e rigoroso, tecnicamente), o lapso temporal diário em que o obreiro tem de se colocar à disposição do empregador em virtude do contrato laboral. (DAL ROSSO, 2005)

A análise do tempo de trabalho também nos permite definir a quantidade de tempo durante o qual as pessoas se dedicam às atividades econômicas e a estabelecer relações diretas entre as condições de saúde, o tipo e o tempo de trabalho executado.

São três os critérios principais de cálculos da extensão da jornada de trabalho. Podem eles ser ordenados sequencialmente, em correspondência à crescente amplitude que conferem à noção de jornada. São tais critérios o do *tempo efetivamente laborado*, o tempo à disposição no centro de trabalho e, finalmente, o do tempo despendido no deslocamento residencia-trabalho-residência (além do somatório anterior). (DAL ROSSO, 2005)

Neste tópico serão abordados os reflexos do tempo de trabalho na vida dos trabalhadores e na própria formação e estruturação da sociedade capitalista, o que envolve a análise da própria relação do homem com o trabalho.

2.1. Tempo de trabalho: aspectos históricos relevantes

Acerca da sociedade capitalista no Brasil é sabido que sua formação pode ser dividida em dois padrões históricos. Um deles é o do consumo extensivo e não regulamentado do trabalho, no qual o poder de decisão sobre a duração das atividades estava entregue à livre discrição do patronato. O outro é o do consumo extensivo e continuado do trabalho longo, mas regulamentado (DAL ROSSO, 2005).

O primeiro vigorou do último quartel do século XIX aos primeiros trinta anos do século XX. Nessa etapa, a determinação da quantidade de trabalho realizado era limitada pelo fator biológico — capacidade de resistência dos indivíduos ao trabalho — e não por regulamentações sociais. Havia uma combinação muito peculiar entre o liberalismo clássico e o coronelismo rural e urbano que conduzia a níveis de exploração sem precedentes dos trabalhadores. As jornadas habituais de onze, doze e treze horas diárias, durante seis dias por semana e a não existência de férias são as expressões mais claras do desfrute extensivo da força de trabalho. Pode-se dizer que essa foi a contribuição do tempo de trabalho para o processo de industrialização brasileiro nas suas fases iniciais.

Hoje, o Direito brasileiro conta com um amplo conjunto de *normas imperativas estatais* que regem a estrutura e dinâmica da jornada e duração do trabalho. O caráter obrigatório que tanto qualifica e distingue o Direito do Trabalho afirma-se, portanto, enfaticamente, neste campo juslaboral.

A utilização extrema do tempo de trabalho deu origem a ações políticas de resistência coletiva e individual que ganharam o apoio da sociedade e da opinião pública. Isso fez com que o operariado brasileiro lutasse duramente para estabelecer limites às jornadas longas, sem fim, intoleráveis e destruidoras da saúde e até de vidas.

A maioria das greves que ocorreram entre 1890 e 1920 tinha como reivindicação constante de suas pautas de ação o objetivo de limitar a duração da jornada, de controlar o trabalho das crianças e de proibir o trabalho noturno das mulheres e crianças. Os movimentos grevistas contra o desfrute sem limites do tempo de trabalho levaram à sua reformulação na década de 1930; a partir de então passaram a ser seguidos os moldes do mundo ocidental, no qual a jornada vinha sendo regulamentada por ação do Estado.

A legislação trabalhista pátria da década de 1930 definiu um padrão de trabalho com os seguintes parâmetros: jornada semanal de 48 horas, composta de 8 horas ao dia, durante 6 dias por semana; acréscimo de duas horas extras diárias, conforme a necessidade das empresas e a impostergabilidade dos serviços, o que abria, novamente, a possibilidade para a ampliação ilimitada da jornada; descanso semanal aos domingos; férias anuais, ainda que sua implantação efetiva só fosse ganhar vulto e se expandir para amplos setores a partir da década de 50 em diante; limitação da jornada de trabalho para números menores do que os acima descritos para algumas categorias de trabalhadores, entre os quais bancários e jornalistas; limites para o trabalho noturno de mulheres e crianças, bem como limites para o número de horas de trabalho diurno de crianças.

Assim, na década de 1930, o padrão de trabalho extensivo e não regulamentado perdeu sua característica fundamental da liberdade do empregador na determinação da duração da jornada e foi transformado em um padrão, ainda de trabalho longo, mas agora regulamentado pelo Estado, sendo este o segundo padrão histórico de formação da sociedade capitalista no Brasil.

O padrão regulamentado, de certa forma, atendia a reivindicações do movimento sindical de estabelecimento de limites à discricionariedade patronal, mas por outro lado ainda propiciava aos empregadores, além da mão de obra abundante, longa duração das atividades de trabalho. Esse padrão de trabalho durou mais de meio século. Começou a ser implantado nos anos 30 e vigorou sem alterações substantivas até ao final dos anos 1980, período em que o Brasil deixou de ser uma economia agrária, para se transformar numa sociedade industrial urbana.

É sabido que o trabalho escravo era a forma que mais empregava o trabalho prolongado e em tempo integral. A jornada de trabalho plena teve sua base em práticas de trabalho como esta, pois as demais, como o trabalho agrícola, que sempre dependeu dos ciclos da natureza, e até mesmo as atividades urbanas, como as dos prestadores de serviços, apresentavam alto grau de variabilidade, com jornadas irregulares e sem horários definidos.

Com a introdução das empresas capitalistas industriais, comerciais, bancárias, de construção civil e de outros ramos de atividades, surgiram a necessidade de uniformizar as práticas de trabalho até então existentes, de modo que se produzisse maiores resultados. Nesse contexto, era necessário o surgimento de uma "nova mentalidade" de trabalho, adequada aos parâmetros capitalistas típicos de labor, com horários definidos e rígidos, jornadas prolongadas e com intervalos rigidamente cronometrados para descanso.

Foi assim que se introduziu no Brasil a jornada de tempo integral, como uma forma habitual de trabalho, sendo certo que a regulamentação do trabalho da década de 1930 trazia basicamente disposições relativas à jornada plena, de oito horas ao dia, não sendo encontradas normas relativas ao trabalho em tempo parcial, em turnos, em fins de semana etc. Deste modo, a forma de distribuição de tempo de trabalho que prevaleceu durante o processo de industrialização brasileira foi a de trabalho em tempo integral, estando aí a origem do trabalho rígido. (DAL ROSSO, 2005)

Na sociedade denominada industrial a vida do operário era organizada em função da empresa, centro da atividade econômica, que em razão de suas exigências de sincronização, exigia também dele a mesma vida sincronizada, com horários de entrada e saída pré-definidos e que não possibilitavam qualquer maleabilidade, pelo volume de produção exigido pelo mercado. (DAL ROSSO, 2005)

Importante referir que enquanto na fase pré-industrial o número médio de horas de trabalho por ano era de 2,5 mil horas, durante as revoluções industriais houve um salto para 3 mil a 3,5 mil horas. Historicamente se desconhecem patamares em níveis superiores aos verificados durante a Revolução Industrial capitalista. Esses números demonstram claramente o grau de exploração a que os trabalhadores foram submetidos (DAL ROSSO, 2005).

Importante salientar que o tempo de trabalho teve fundamental importância no processo de industrialização do Brasil, não sendo apropriado se atribuir esse papel exclusivamente à mão de obra barata e abundante, conforme se demonstrou.

Mas cumpre registrar que a precariedade das condições de trabalho durante o desenvolvimento do processo industrial, sem revelar totalmente os riscos que poderia oferecer à saúde e à integridade física do trabalhador, assumiu às vezes aspectos graves. Não só os acidentes se sucederam, mas também as enfermidades típicas ou agravadas pelo ambiente profissional. Mineiros e metalúrgicos foram os principais atingidos. Durante o período de inatividade, o operário não percebia salário e, desse modo, passou a sentir a insegurança em que se encontrava, pois não havia leis que o amparassem, e o empregador, salvo raras exceções, não tinha interesse em que essas leis existissem. (NASCIMENTO, 2009. p. 826)

Após um aumento da duração do trabalho, oriundo do processo de industrialização, que elevou o trabalhador até o ponto máximo da sua resistência humana, houve uma reação obreira a esse grau de dilapidação dos corpos e das mentes, com movimentos políticos, com greves, empregando diversos outros instrumentos de pressão social e com negociação das condições de trabalho.

Os empresários, por seu turno e por questões óbvias, colocaram-se contra a redução da jornada, entendendo as reivindicações dos trabalhadores como uma limitação à sua autonomia para organizar a empresa segundo suas próprias determinações. O entendimento patronal era o de que o empregado deveria dedicar todo seu tempo para o trabalho.

A questão da redução do tempo de trabalho era de tão grande importância, que no mesmo ano de sua criação, em 1919, a Organização Internacional do Trabalho estabeleceu, na Convenção Internacional n. 01 (não ratificada pelo Brasil), regras sobre as horas de trabalho na indústria. O seu preâmbulo explicava os esforços e propostas relativas à aplicação do princípio da jornada de oito horas diárias e de quarenta e oito horas semanais, e, no corpo do texto, aceitava o trabalho em regime de sobrejornada somente em caráter excepcional. (VILLAROTE, 2009)

No Brasil, aos poucos, a duração da jornada foi sendo reduzida. As manifestações dos trabalhadores foram mantidas até que, nos anos 30, o governo de Getúlio Vargas passou a intervir diretamente na relação trabalho-capital, ocasião em que houve a implementação de uma ampla legislação trabalhista. Além de mudar as leis, o governo investiu fortemente na propaganda, enfatizando a importância da atividade do trabalho e da sua forte relação com o desenvolvimento e o crescimento do Brasil, ao mesmo tempo em que desmerecia o não trabalho, o ócio e a malandragem. (DIEESE, 2009)

Na Constituição de 1934 ocorreu a limitação da jornada de trabalho a 8 horas diárias ou 48 semanais, permitindo, por outro lado, que esta se estendesse, mediante o mecanismo de horas extraordinárias, deixando ao livre arbítrio dos empresários a sua determinação. Na prática, o que se observou foi uma adoção, de forma habitual, por diversos segmentos econômicos, desse meio legal de elasticimento da jornada de trabalho.

Em 1943, a CLT limitou as horas extras a duas horas diárias e definiu seu adicional em 20%, bem como criou a lei de férias. Em 1949, foi criado o descanso semanal remunerado de 24 horas consecutivas, sendo necessário trabalhar toda a semana anterior, cumprindo integralmente o horário de trabalho para o seu recebimento, incentivando assim o trabalhador assíduo e punindo o faltoso (DIEESE, 2009).

Na ceara internacional encontramos ainda, nesta fase de preocupações intensas com a redução de jornada, a Recomendação Internacional de n. 116, adotada em 1962, orientando à diminuição progressiva da jornada de trabalho, de acordo com as condições econômicas e sociais de cada país.

No Brasil, no final dos anos 70, a reivindicação pela redução da jornada de trabalho voltou a ser discutida, em meio à pressão dos trabalhadores pelo fim do regime militar, dando início a um segundo ciclo de redução da jornada de trabalho no Brasil. É assim que encontramos a movimentação grevista dos metalúrgicos do ABC paulista de 1985, que repercutiu na generalização a todos os trabalhadores na redução da jornada de trabalho de 48 horas semanais para 44 horas, promovida pela Constituição de 1988 (art. 7º, inc. XIII).

A Carta Política de 1988 traz, em seu art. 7º, do inciso XIII ao XXIII, uma série de indicativos inerentes ao controle de jornada de trabalho. Por outro lado, a CLT, ao longo de seus 922 artigos traz diversas normas protetoras do trabalhador quanto à duração da jornada laboral. Mas o que mais tem provocado inquietação entre os que militam a favor das garantias trabalhistas, bem como da não flexibilização da jornada laboral é a redação constante da Lei n. 9.601/1998. Mais conhecida como lei da flexibilização da jornada de trabalho obreira.

Contudo, essa redução da jornada de trabalho pela força da lei foi em grande medida frustrada pela continuidade da prática das horas extras como atividade normal, tendo-se verificado um salto substantivo no número de pessoas que passaram a realizar trabalho extraordinário imediatamente após a promulgação da Constituição, de forma a compensar a redução de jornada com o labor extraordinário em caráter habitual.

Após a promulgação da Constituição de 1988, além de não ter ocorrido nenhuma nova redução da jornada, várias alterações na legislação foram implementadas no sentido de flexibilizar o tempo de trabalho. A partir do final dos anos 90, verifica-se um movimento, por parte das empresas e do governo, no sentido da desregulamentação ou da rerregulamentação pela via da flexibilização. Em 1998, a ampliação do prazo de compensação das horas extras de uma semana para um ano, o chamado "banco de horas", alterou completamente a relação do trabalhador com o seu tempo de trabalho.

Assim, observa-se que foi no final do século XIX que começaram a ocorrer no Brasil as principais transformações no âmbito laboral, até porque somente após a abolição da escravatura, por meio da Lei Áurea, em 1888, é que se torna possível falar em "Direito do Trabalho". Aos poucos os trabalhadores passaram a intensificar a luta pela redução da jornada de trabalho de forma a amenizar as condições desgastantes de trabalho a que estavam submetidos.

É verdade que a Lei n. 9.601 (vigente desde 22.1.1998) provocou considerável alteração em toda esta reflexão sobre o tema, à medida que produziu significativa modificação no próprio regime compensatório, criando o chamado banco de horas (regime de compensação anual). Desde então, o regime compensatório deixou de ser figura essencialmente favorável ao obreiro, adquirindo caráter marcadamente unilateral — o que atraiu a incidência de outros dispositivos cogentes da Carta Constitucional de 1988. (DELGADO, 2008. p. 860)

Nos dias atuais, os trabalhadores continuam reivindicando a diminuição de jornada para a ampliação do tempo disponível para a convivência com a família e para realizar outros afazeres; porém com o aumento do desemprego, surgiu mais um motivo para respaldar tal reivindicação: se os ocupados trabalharem menos horas por semana, é possível gerar novas vagas para que mais pessoas trabalhem. Observa-se que a redução do tempo de trabalho passou a ser questão de ordem pública, de interesse coletivo, dada sua relevância social.

2.2. Fixação de limites à jornada de trabalho: aspectos legais

A inserção, na Constituição de 1988, de um dispositivo constitucional prevendo uma jornada menor, de 44 horas semanais, para todos os cidadãos brasileiros, foi de certa forma a consequência inevitável da forte greve operária que ocorreu no ABC paulista em 1985, quando foram conquistadas, pelos trabalhadores, reduções na jornada normal de 48 horas para 45, 44 e até mesmo 40 horas semanais.

Alguns setores econômicos, com força de trabalho organizada, anteciparam-se à lei ou incorporaram de imediato a mudança legal. Já os menos organizados ou com força de trabalho mais dispersa, embora tenham formalmente adotado de imediato a alteração de jornada das antigas 48 horas para 44 horas semanais, não abandonaram o antigo padrão de trabalho. A estratégia usada pela classe empresária foi converter as "velhas" quatro horas de trabalho ordinário em trabalho extraordinário. Dessa forma, observa-se que a grande massa de trabalhadores obteve apenas uma alteração formal do tempo de trabalho, sem que ocorresse uma real mudança na prática.

Nos dias atuais são muitos os projetos existentes para diminuição de jornada de trabalho sem a proporcional redução de salário e também para a majoração do adicional de horas extraordinárias. O objetivo da maioria deles seria o de reduzir a jornada de trabalho para **40 horas semanais, para estimular outros setores da economia, como o de serviços, e garantir a abertura de novas vagas de trabalho.** Nesse sentido tem se movimentado a Central Única de Trabalhadores, tendo, inclusive, bancado a campanha "Reduz pra 40 que o Brasil aumenta!".

Mister salientar que a **jornada total de trabalho é a soma da jornada normal de trabalho mais a hora extra**. Segundo dados do DIEESE, no Brasil, além da extensa jornada normal de trabalho, não há limite semanal, mensal ou anual para a execução de horas extras, o que torna a utilização de horas extras no país uma das mais altas no mundo. Logo, a soma de uma elevada jornada normal de trabalho e um alto número de horas extras faz com que o tempo total de trabalho no Brasil seja um dos mais extensos.

A Constituição Federal de 1988, por meio do seu art. 7º, incisos XIII, refere que a "duração do trabalho normal não superior a oito horas diárias e quarenta semanais, facultada a compensação de horários e a redução da jornada, mediante acordo ou convenção coletiva de trabalho".

As normas que regulam a duração do trabalho são imperativas e têm natureza publicística. São, deste modo, inderrogáveis e irrenunciáveis. Por meio dessas normas, cujo grau mais elevado de hierarquia é a própria Constituição, manifesta o Estado seu interesse pelo problema da fadiga do trabalhador. Vela para que não seja ele submetido a longas jornadas de trabalho, capazes de lhe sacrificar a saúde. De outro lado, já ficou perfeitamente demonstrado que jornadas muito longas em nada são úteis às empresas, pois, com a sucessão das horas, o rendimento do trabalho vai declinando. Somado a isso vem o fato de que a grande maioria dos acidentes de trabalho acontecem em sobrejornadas.

O limite legal de 8 horas diárias de trabalho é o máximo normal, portanto nada impede que o empregador estabeleça jornada de menor duração. Estando em curso o contrato de trabalho, o encurtamento da jornada, por decisão do empregador, não há de determinar diminuição de salário, porque é este protegido pelo princípio da inalterabilidade. Ademais, significa uma alteração unilateral das condições estabelecidas no contrato de trabalho. Entendem alguns que, na hipótese aventada, em havendo concordância do empregado, a redução salarial se reveste de legalidade. (DIEESE, 2009. p. 89)

Acerca da aprovação em uma comissão da Câmara dos Deputados, de uma Proposta de Emenda à Constituição (PEC n. 231/95) para a redução na jornada de trabalho para 40 horas semanais, sem diminuir o salário, bem como para o aumento do adicional de horas extras, de 50% para 75%; houve comemoração por parte das Centrais Sindicais; contudo, especialistas nas relações de trabalho reagiram com preocupação. Há quem refira que tal medida é ruim para o setor produtivo, já que causaria um aumento do custo de produção das empresas em pleno processo de crise internacional. Por outro lado, de acordo com as Centrais Sindicais, a jornada de trabalho menor vai gerar mais empregos.

Manifestando-se sobre a movimentação sindical da classe operária pela redução de jornada, o economista José Pastore refere que a grande maioria dos países da Europa tem jornada legal superior à do Brasil e que essa medida diminuiria a competitividade das empresas brasileiras. Para Pastore, o aumento do número de empregos depende, na verdade, de investimentos, de forma a acelerar o crescimento econômico, melhorando a educação de qualidade para os trabalhadores, qualificando-os para o mercado de trabalho.

Ademais, somado a essas controvérsias existe o famoso *banco de horas*, que foi criado para beneficiar o setor empresarial, mas com a justificativa de equilibrar a economia em período de crise financeira. A doutrina e a jurisprudência sempre rejeitaram, de forma preponderante, a viabilidade jurídica deste instituto, no direito do país, desse tipo de mecanismo compensatório.

A ideia do *Banco de Horas*, da forma como prevista no art. 6º, da Lei Federal n. 9.601/98, ou seja, embutida no regime anual de compensação de jornada, vinha sendo firmemente rejeitada pela cultura justrabalhista dominante, por ser considerada incompatível com a ordem jurídica. Contudo, o referido dispositivo de lei autorizou expressamente a pactuação de regime compensatório de jornada à base do parâmetro anual. Desse modo, o § 2º do art. 59 da CLT, passou a ter uma nova redação.

De acordo com o Dieese, a redução da jornada de trabalho semanal está diretamente associada à melhora da qualidade de vida dos trabalhadores, que passam a dispor de mais tempo livre para se dedicarem à família, à educação, ao aprimoramento profissional e ao lazer, referindo ainda que a redução tem estreita vinculação com as possibilidades de criação e manutenção de postos de trabalho. O objetivo seria trabalhar menos para que mais pessoas possam trabalhar, trabalhando menos pudesse usufruir mais de lazer e mais tempo para leitura e estar com a família. (DIEESE, 2009. p. 91)

Contudo, a Lei n. 9.601/98 veio validar um grande empecilho ao bem está do trabalhador, que, agora, além de na prática trabalhar mais de 44 horas semanais, não usufrui dos acréscimos inerentes às jornadas extraordinárias.

Algumas empresas veem a jornada de trabalho flexível como uma alternativa para se enfrentar crises econômicas, evitando corte de pessoal e ao mesmo tempo, reduzindo custos. A ideia central seria a de enfrentar os problemas relacionados a oscilações na produção, oriundas de fatores socioeconômicos, sem que isso ensejasse demissões em massa. Contudo, sistemas implantados em outros países, como é caso da Argentina, demonstra que esse estratégia de driblar a crise não é eficiente, e serve tão somente para agravar o problema da classe obreira.

A empresa Ford, do segmento automobilístico, pode servir de modelo como uma das pioneiras da jornada flexível. A empresa, no final de 1995, firmou um acordo com o Sindicato dos Metalúrgicos do ABC, flexibilizando a jornada de trabalho semanal em até 44 horas quando a produção estivesse em alta e em até 36 horas quando a produção estivesse em baixa. Dentro desses parâmetros seria criado um banco de horas. Quando o mercado estivesse aquecido, a empresa poderia ter suplemento de horas sem precisar desembolsar o pagamento de horas extras, sendo pago ao trabalhador apenas o adicional, indo a hora básica para o banco de horas. Se no período de um ano não ocorresse baixa na produção, as horas do banco seriam incorporadas às férias. A iniciativa surgiu como uma alternativa para superação da crise pela qual passava o setor automobilístico em 1995. Esse tipo de flexibilização teria dois efeitos: manter o nível de empregos e acabar com as horas extras.

À luz dos argumentos expostos pode-se concluir que a medida era desastrosa para o trabalhador, visto que, pelo princípio da alteridade, o trabalhador não pode ser sacrificado por conta de eventuais prejuízos que o empregador venha a sofrer.

Enquanto de um lado a classe operária luta por redução de jornada sem reflexos no salário, a classe empresária estuda possibilidades para evitar demissões em meio à crise financeira. Pressionadas pela retração do crédito internacional e pela redução da atividade, as empresas estão discutindo medidas para reduzir em 25% a jornada de trabalho e do salário, de forma a evitar as demissões em massa.

3. Considerações finais

O tempo efetivo que o trabalhador emprega em seu labor pode trazer as mais diversas implicações sob o ponto de vista social, já que pode afetar a qualidade de vida do obreiro, pelo fato de interferir na possibilidade ou não de fruição de mais tempo livre.

Modernamente, o tema da duração do trabalho, assim como suas regras disciplinadoras, todos têm caráter de matéria de saúde e segurança laborais, estreitamente atada a considerações de saúde pública. Assim, a exposição obreira por longos e contínuos períodos de trabalho no transcorrer de vários meses comprometeria qualquer estratégia consistente de aperfeiçoamento das relações trabalhistas e de melhorias das condições de saúde e de segurança do trabalhador no ambiente empregatício.

Todavia, tem-se que os benefícios decorrentes da redução do tempo de trabalho, bem como da implantação do horário de trabalho flexível são muitos. A empresa ganha funcionários mais satisfeitos por poderem dispor de mais tempo livre e que consequentemente passam a cumprir suas tarefas menos estressados e também menos irritados, contribuindo para a significativa diminuição do número de acidentes de trabalho e doenças a ele relacionadas. O trabalhador ganha em qualidade de vida e a empresa em qualidade de trabalho.

Mas, caso a intenção da flexibilização do horário de trabalho seja o aumento do número de empregos por meio da redução da jornada de trabalho sem a diminuição, proporcional, de salários, verifica-se que a única saída seria compensar o empresariado brasileiro com incentivos fiscais, sob pena de se ter um efeito contrário, qual seja, ao invés de criar novos postos de trabalho se teria a eliminação dos já existentes.

4. Referências bibliográficas

DAL ROSSO, Sadi. *Jornada de trabalho*: duração e intensidade. Disponível em: <http://www.cienciaecultura.bvs.br> Acesso em: 30 jun. 2009.

DELGADO, Mauricio Godinho. *Curso de direito do trabalho*. 7. ed. São Paulo: LTr, 2008.

DIEESE. Nota Técnica, n. 16, mar. 2006. *Redução da jornada de trabalho no Brasil*. Disponível em: <http://www.fenajufe.org.br> Acesso em: 2 jul. 2009.

GRISOLIA, Julio Armando. *Manual de derecho laboral*. 5. ed. Ciudad Autonoma de Buenos Aires: Abelardo Perrot, 2014.

NASCIMENTO, Amauri Mascaro. *Curso de direito do trabalho*. 24. ed. São Paulo: Saraiva, 2009.

SAAD, Eduardo Gabriel. *Consolidação das Leis do Trabalho comentada*. 37. ed. São Paulo: LTr, 2004.

VILLATORE, Marco Antônio César. *Reforma trabalhista e duração do trabalho*. Disponível em: <http://www.aatpr.org.br> Acesso em: 1º jul. 2009.

6. Demissão humanizada: uma ação estratégica para evitar possíveis ações trabalhistas

Eliabe Serafim de Araújo[*]

1. Introdução

Não se pode falar de Demissão Humanizada sem antes remeter-se a alguns fatos históricos do nosso País. No passado atravessamos fortes mudanças políticas, sociais e econômicas das quais herdamos recessões e com elas o desemprego na maioria de empresas sólidas no mercado. Embora essas empresas, tanto nacionais como internacionais, tenham optado pela demissão em massa de seus funcionários como forma de reduzir os custos e os efeitos da crise econômica sem precedentes, afetaram grandes postos de trabalhos.

Tal decisão quando tomada de maneira precipitada pode causar não apenas um prejuízo emocional humano, se não for bem conduzida pelo empregador, e ainda gerar um possível contencioso trabalhista *a posteriori*. Não obstante a estabilidade econômica e as constantes mudanças de governos, os quais assumiram papéis de moderadores da moeda brasileira, vivenciamos ainda momentos de expectativas e apreensões de perdermos nossos postos de trabalhos.

Sabe-se que quando ocorre uma demissão "injusta e inesperada" é muito dolorosa e desestruturadora para aquele profissional que muitas vezes está empolgado vestindo a camisa da empresa e dando o resultado esperado. Por outro lado, há aquele que não tendo mais o perfil de continuar na empresa é premiado pelas consequências que ele mesmo provocou para ter demissão abrupta. Nos dois casos a forma prudente para conduzir o processo demissionário é conseguir fazer uma abordagem estratégica com a aplicação de ferramentas de RH da empresa.

Para evitar que os danos causados por uma má demissão encontrem guarida num litígio judicial veremos a seguir análises aprofundadas que podem contribuir e orientar os processos de desligamento com o objetivo de diminuir ou até mesmo evitar possíveis ações trabalhistas. O objetivo deste tema é apresentar, com arte e ousadia, medidas que possam ainda socorrer essas empresas de possíveis litígios na Justiça do Trabalho.

---

[*] Consultor jurídico trabalhista e previdenciário. Especialista em Recursos Humanos e Legislação Trabalhista em segmentos empresariais. Mestrando em Direito do Trabalho e Relações Internacionais do Trabalho. Formado em RH. Pós-graduado em Recursos Humanos e Gestão de Pessoas. Bacharel em Direito e Docente de pós--graduação em instituições de ensino.

2. Evolução histórica

O homem ao longo de sua jornada laboral deixou de ser caçador e tornou-se camponês. Trabalhava a terra, cultivava seus alimentos, produzia suas ferramentas e com isso transformava a natureza para tirar a sua subsistência. Mas com o tempo o homem é expulso do campo, enquanto na Inglaterra no séc. XVIII ele disponibilizava sua mão de obra para a indústria. Daí, esse trabalhador, antes camponês, tornava-se operário de fábrica. O invento da máquina a vapor foi o marco para que as formas de produção deixassem de ser artesanais e passassem a acontecer em grandes escalas. Nesse período, os operários eram submetidos a jornadas de 12, 14, 20 ou mais horas por dia. O ambiente de trabalho era insalubre, a remuneração totalmente desproporcional ao resultado da produção e os acidentes de trabalho eram constantes, pois não havia a fiscalização devida ao trabalhador.

Surgiram então as lutas entre os operários e patrões os quais deram origens aos Sindicatos e as primeiras leis que regeriam as relações de contrato de trabalho entre a indústria e o trabalhador. Deu-se o início também às pesquisas nos ambientes fabris, a exemplo dos estudos realizados por Elton Mayo, para descobrir e entender quais os fatores que influenciavam na produtividade dos trabalhadores.

Concluímos que aos patrões era permitido, de todas as formas, explorarem aqueles trabalhadores tanto nos aspectos físicos quanto psicológicos, demonstrando claramente que os trabalhadores não possuíam qualquer tipo de direitos preestabelecidos. Após a Segunda Guerra Mundial, e com a evolução das organizações e as mudanças dos paradigmas da sociedade, surgiu uma gama de modelos de organizações e com a ela a reengenharia no mercado que buscou regular a potencialidade daquele trabalhador que gerava alta lucratividade.

Identificamos que a teoria das relações humanas veio contestar o poder do chefe que, ao exercer a liderança de forma coercitiva, percebeu que o novo conceito de gestão de pessoas estaria ligado à pessoa humana e às suas ligações psicossociais. Sabemos que ainda convivemos numa sociedade que sofre constantes mudanças, e que estas influenciam diretamente na vida pessoal e profissional do trabalhador. Pois o que era antes permanente e duradouro, com a evolução humana e tecnológica, tornou-se volátil e imprevisível na forma de desenvolvimento sustentável.

Vivemos uma mudança nas relações organizacionais nas quais o trabalho deixa de ser fonte de renda para fazer parte dos valores e conquistas sociais, de maneira que o trabalhador ocupe um espaço profissional cada vez mais destacado e priorizado nas empresas. Por outro lado, as leis trabalhistas constituíram outra reflexão trazida à baila, não só por isso, e sim pelas mudanças econômicas em todo o mundo, tais como mudanças nas relações do trabalho na OIT, flexibilização das leis trabalhistas, enfraquecimento do poder de barganha dos sindicatos e a redução da fidelidade com as organizações por parte dos trabalhadores profissionais os quais passaram a ser as forças dominantes nessas mudanças.

3. Demissão

É o fim do relacionamento entre um indivíduo e uma organização, o qual pode partir da iniciativa de qualquer uma das partes, ou de comum acordo. A demissão pode ser classificada por critérios legais e subjetivos. Os relacionados aos critérios legais são demissão sem justa causa, com justa causa, por iniciativa do empregado e por rescisão indireta. (VIEIRA, 2005)

A demissão de qualquer tipo não retroage seus efeitos (*ex nunc*). Como ato indispensável (*ex nunc*), só termina os efeitos quando se der à rescisão. Sabe-se que é em vão uma decisão judicial do liame para conseguir efeitos retroativos, visto que a regra dominante no Direito do Trabalho é a irretroatividade dos efeitos da nulidade contratual, em razão da incoerência de devolver as partes o *status quo ante*, pois não há como restaurar ao empregado o seu contrato de trabalho (realidade) que é a sua força de trabalho. (MARTINS, 2008)

Em relação aos critérios subjetivos destaca-se a demissão humanizada, ou demissão responsável, como alguns autores a chamam baseando-se na legislação europeia, apoia as organizações na gestão e implantação dos seus processos de reestruturação. Prevê a recolocação, em condições de trabalho e renda, dos profissionais, de todos os níveis, atingidos, demitidos ou aqueles aderem a um plano de demissão voluntária. No Brasil, as primeiras implantações de programas como esses foram feitas a partir do final de 1999 e início de 2000 pelas novas concessionárias de telefonia, na primeira fase de reestruturação pós-privatização.

São "inúmeras as vantagens para empresas que adotam políticas de demissão responsável. Uma delas é a preservação de sua boa imagem perante o mercado e os clientes, o que é fundamental nos dias de hoje". (SILVEIRA, 2011) A outra, é evitar os boatos e o pânico, que certamente vão prejudicar os negócios. A terceira vantagem é dar um recado claro aos funcionários que permanecem: a empresa jamais os deixará na mão. "Não há nada pior para um profissional do que sentir que é uma pessoa descartável para a organização", afirma. (NETO, 2011 *apud* SILVEIRA, 2011) Tal frase ainda hoje é uma realidade para muitos ex-funcionários que pleteiam nas suas reclamatórias ou declaram em audiência nas Varas do Trabalho.

Todavia, já se sabe que ações como estas vêm aumentando por encontrar guarida no assédio moral. Entretanto precisa-se diferenciar dos danos morais aqueles que são causados no decorrer do contrato de trabalho e aqueles em que a parte prejudicada, nesse caso o empregado, aciona seus direitos na Justiça do Trabalho. O art. 483 da CLT (Consolidação das Leis Trabalhistas) preconiza que o empregado poderá requerer indenização e considerar rescindido o seu contrato de trabalho nas situações previstas e em casos em que ele se sentir lesado dos seus direitos trabalhistas e nas cláusulas previstas na CCT (Convenção Coletiva do Trabalho), pois o funcionário não pode ter os seus direitos trabalhistas violados, e tampouco a sua integridade vilipendiada na empresa por seus superiores ou pares. Senão vejamos:

Processo: RO 59523 SP 059523-2011

Relator(a): ANA MARIA DE VASCONCELLOS

Publicação: 09.09.2011

Parte(s): 1º Recorrente: Teka-Tecelagem S.A

2º Recorrente: Jovina Alves de Sá

EMENTA: DANO MORAL. ASSÉDIO MORAL ORGANIZACIONAL. RESCISÃO INDIRETA. Não se pode esquecer que a humanidade caminha para frente, para sua libertação, buscando melhores condições de vida e de trabalho e não retrocedendo a um estado comparável à barbárie. O rigor excessivo como prática empresarial para estimular o cumprimento de metas, degradando as condições de trabalho, ignorando o capital humano e as peculiaridades de cada indivíduo, pode configurar o que vem sendo chamado de "assédio moral organizacional".

Não se sabe atualmente o quanto representa estatisticamente a demanda de processos relacionados a assédio moral, porque muitos desses colaboradores prejudicados desconhecem os seus direitos, que estão previstos no art. 483 da CLT. Cabe ainda esclarecer que para a concessão desse direito, a parte prejudicada deve provar a violação do mesmo em juízo, que analizará caso a caso.

Segundo levantamento feito a pedido da *Folha de S. Paulo* pelo Tribunal Superior do Trabalho (TST), no ano de 2009 foram catalogados 434 processos que envolviam assédio moral, sendo 66% a mais do que no ano anterior. Pesquisadores da Fundacentro, ligada ao Ministério do Trabalho e Emprego, afirmam que o assunto tem sido mais discutido nos últimos três anos, contribuindo para o aumento do número de denúncias.

Diante desse entendimento muitos julgadores têm avaliado suas decisões com base nas provas materiais e oralidades advindas de ações que versem sobre os temas acima citados, da mesma forma, corroborando com o que os grandes doutrinadores descrevem, faz-se pertinente este estudo que visa melhorar as formas legais e adequadas a uma demissão humanizada.

PROCESSO N. TST-RR-1063-62.2010.5.02.0088

A C Ó R D Ã O 7ª Turma

I – AGRAVO DE INSTRUMENTO EM RECURSO DE REVISTA. ESTABILIDADE PROVISÓRIA. ACIDENTE DE TRABALHO. CONTRATO DE EXPERIÊNCIA. Demonstrada possível violação do art. 118 da Lei n. 8.213/91, impõe-se o provimento do agravo de instrumento para determinar o processamento do recurso de revista. Agravo de instrumento provido.

II – RECURSO DE REVISTA. ESTABILIDADE PROVISÓRIA. ACIDENTE DE TRABALHO. CONTRATO DE EXPERIÊNCIA. Hipótese em que o Tribunal Regional manteve a sentença que afastou a estabilidade provisória por ter o reclamante firmado contrato de experiência. A jurisprudência desta Corte pacificou o entendimento, nos termos da Súmula n. 378, III, do TST, de que a garantia de emprego prevista no art. 118 da Lei n. 8.213/91 é devida, ainda que o contrato de trabalho celebrado entre as partes tenha se dado por tempo determinado, exegese que se harmoniza com o art. 7º, XXIX, da Constituição da República. Recurso de revista conhecido e provido.

EMENTA: ASSÉDIO MORAL ORGANIZACIONAL — INDENIZAÇÃO — PERTINÊNCIA

O rigor excessivo como prática empresarial para estimular o cumprimento de metas, degradando as condições de trabalho, aviltando o princípio da dignidade humana e ignorando as peculiaridades de cada indivíduo, pode configurar o que vem sendo chamado de "assédio moral organizacional", passível de condenação judicial por dano moral, como no caso dos autos. Recurso patronal ao qual se nega provimento.

Por outro lado, a jurisprudência trabalhista no Brasil tem sido unânime e atenta aos atos de demissão não humanizada, tais como os acidentes de trabalho, e por isso tem decidido pela reintegração nos casos em que o direito do trabalhador fora vilipendiado. O TST (Tribunal Superior do Trabalho) tem se posicionado quanto à estabilidade no contrato de trabalho na experiência para as gestantes, senão vejamos:

Processo: RR 11272720125030039

Relator (a): Augusto César Leite de Carvalho

Julgamento: 09.04.2014

Órgão Julgador: 6ª Turma

Publicação: DEJT 15.04.2014

EMENTA: RECURSO DE REVISTA. GESTANTE. DISPENSA MOTIVADA PELO ENCERRAMENTO DO CONTRATO DE EXPERIÊNCIA.

A empregada gestante tem direito à estabilidade provisória prevista no art. 10, inciso II, alínea *"b"*, do Ato das Disposições Constitucionais Transitórias, mesmo na hipótese de admissão mediante contrato por tempo determinado. Ainda mais em se tratando de contrato de experiência, o qual é, em rigor, um contrato por tempo indefinido, com uma cláusula alusiva a período de prova. Inteligência da Súmula 244, III, do TST, em sua nova redação. Recurso de revista provido.

3.1. Demissão humanizada

As empresas atuais vêm procurando de alguma forma sobreviver para ganhar maior espaço no segmento em que desenvolvem suas atividades. Aliado às dificuldades dos concorrentes e fatores de ordem interna e externa que frequentemente causam turbulências na sua empresa, é comum observar que muitas delas têm buscado orientações por meio da contratação de consultoria focada no seu segmento e capacitando profissionais internos para conduzir os processos que vão desde admissões a demissões estratégicas. Observa-se que essas empresas, para obter resultados, além do curto espaço de tempo, precisam também do capital humano, os profissionais, motivado. Isso não só contribui com o crescimento pessoal e profissional como minimiza a busca pela empregabilidade no mercado de trabalho. Porém, mesmo sendo esse profissional capacitado e bem remunerado, isso não inviabiliza sua possível demissão. Entretanto, é nessa hora que entra em ação a consultoria especializada para auxiliar no processo demissional, fundamenta Sérgio Torres (2011).

Segundo Bispo (2010), as empresas estão recorrendo a consultorias de RH (Recursos Humanos) por entender que elas sabem o "termômetro dos profissionais que, mesmo trabalhando nas empresas, querem saber sua valoração no mercado de trabalho". "Sabe-se que essa analogia muitas vezes cria ansiedades e expectativas numa via de mão dupla o que pode ocasionar transtornos laborais e psicossociais". Sales (2002), avalia. "Outra ferramenta capaz de diminuir tensões pessoais no ato demissional é a modalidade da entrevista de desligamento, tal qual formal como se apresenta, o próprio desligado é quem relata aquele momento e a outra parte avalia se é o momento ideal para desconstruir seu imaginário", destaca Albuquerque (2009). "Face ao momento surpresa que ocorre com o agora ex-funcionário, cabe ao gestor contornar de maneira racional o resultado que este gerou no período em que foi colaborador", finaliza Albuquerque (2009).

As empresas têm encontrado nas análises trabalhistas uma das oportunidades para apresentar sua boa imagem empresarial junto ao Fisco porque estão sujeitas ao monitoramento dos recolhimentos legais, explica Cardoso (2010), não basta apenas fazer essas análises e sim repassar os procedimentos e acompanhá-los. Segundo Bastos (2011), sempre que uma empresa se depara com uma sucessão de irregularidades levantadas numa análise trabalhista, deve atentar a qual consultoria vai contratar para não responder solidariamente nos resultados apropriados, bem como a sua repercussão na sua imagem empresarial.

3.2. Prevenção trabalhista

De acordo com Martins (2008), sempre que uma empresa deixa de cumprir os direitos trabalhistas inerentes ao contrato de trabalho ou deixa de cumprir com as obrigações e encargos sociais, ela está gerando um passivo trabalhista, tais como desvio unilateral da relação de emprego, assim como o descumprimento dos recolhimentos legais relativos à folha de pagamento, devidos aos seus empregados, como as verbas de salários, fundo de garantia, 13º salário, INSS, entre outros.

De acordo com Heloani (2011), os tipos mais comuns de descumprimento dos direitos trabalhistas são a falta de registro do contrato de trabalho na Carteira de Trabalho e Previdência Social do empregado, a falta de pagamento das horas extras, o não recolhimento dos encargos sociais sobre a parte variável do salário, em especial das comissões, entre outros.

Segundo Torres (2011), um ponto importante a se considerar na geração do passivo trabalhista é que sua cobrança não é imediata, ou seja, o passivo gerado somente se tornará exigível contra o empregador que violou as leis ou deixou de recolher os encargos sociais na ocorrência de uma das seguintes situações: proposição de uma reclamação trabalhista junto à Justiça do Trabalho por parte do empregado; fiscalização por parte do Ministério do Trabalho e Emprego; fiscalização por parte do INSS e atuação do Ministério Público Federal do Trabalho.

Caso ocorra uma das hipóteses acima, será apurado o valor total do débito e suas respectivas correções e atualizações, incluindo as multas previstas na legislação. A aplicação de multas por parte dos órgãos de fiscalização e/ou a emissão de uma sentença condenatória por parte da Justiça do Trabalho é que torna o passivo trabalhista real.

Desse modo, aconselham aos doutrinadores que sempre que uma empresa informar acerca dos recolhimentos obrigacionais e o fazendo na sua totalidade, procurem se documentar de maneira que ao ser surpreendida por uma possível visita da fiscalização sobre os referidos pagamentos, possa estar em conformidade com a legislação vigente.

4. Considerações finais

Durante muito tempo convivemos com ações de demissões nas empresas por onde trabalhei e verificamos o quanto as empresas falharam na hora de despedir os seus empregados. Gestores e encarregados de setores sem o mínimo de razoabilidade que prevê a ética profissional no ambiente de trabalho praticam arbitrariedade no ato demissionário, perpassando suas emoções pessoais, sem levar em conta que a outra parte já desestruturada e abalada se encontra num nível de estresse bem elevado.

É bem verdade que não raras as exceções o desligado imediatamente a ação de desligamento, leva pra dentro de si criando um oceano de mágoas que pode lá na frente transbordar. Não é fácil demitir um colaborador, um colega um parceiro de trabalho, porém se ousarmos a criar maneiras humanizadas de tratar a ação com respeito aquele momento solene, certamente o ex-funcionário sairá menos pesaroso quanto ao seu valor profissional na empresa. Não quero com isso que devamos ensinar o carrasco as boas maneiras de desligar um empregado, mas conscientizá-lo de que por trás de um profissional está "um ser humano" que, diante da fragilidade emocional, precisa ser respeitado no seu devido valor pessoal e profissional. Profissionais que agem de forma arrogante com os desligados não encontrarão harmonia e diálogo por parte destes. Isso porque provocar a ira trazendo à baila fatos que denigrem a imagem do ex-funcionário só alimentará ressentimentos da parte contrária, que logo procurará uma solução conflitante para amenizá-lo dos prejuízos laborais.

Entretanto, mesmo sendo a demissão uma dura exigência do empregador aos seus imediatos, suas consequências atingem diretamente seres humanos, que de um momento para outro se veem obrigados a mudar de hábitos; por conseguinte, renunciar suas esperanças para o futuro.

Desta forma, recomenda-se a aplicação de ferramentas de gestão de pessoas para obtenção de melhores resultados, bem como "navegar nos mares" dos conhecimentos da área trabalhista e que possibilitem novos estudos acerca deste tema. Tais medidas sugerem que sejam postas em prática ações estratégicas jurídicas a fim de se evitar as demandas judiciais desses trabalhadores.

5. Referências bibliográficas

ALBUQUERQUE, Cássia. *Gestão de pessoas*. Recife: ABRH-PE, 2008. III Fórum Estadual de Gestão de Pessoas. Palestra proferida aos profissionais de RH associados pela Associação Brasileira de Recursos Humanos (PE).

BASTOS, R. P. [Entrevista disponibilizada em 10 de janeiro de 2004, na internet]. 2004. Disponível em: <http://www.parana-online.com.br-canal-direito-e-justica-news-70456-?noticia =a+importancia+da+analise+do+ passivo+trabalhista+na+aquisicao+de+empresas> Acesso em: 26 dez. 2014.

BISPO, Patrícia. *Recursos humanos*. Trabalho apresentado no 3º Congresso Virtual de Recursos Humanos, n. 3, Recife, 2009.

CARDOSO, Randal. *Direito do trabalho e previdenciário*. Recife: SECOVI, 13 mar. 2010. Curso de Direito do Trabalho e Previdenciário Aplicado, ministrado a profissionais de recursos humanos.

HELOANI, Roberto. [Entrevista disponibilizada em 10 de agosto de 2010, na Internet]. 2010. Disponível em: <http://www.protecao.com.br-site- content-noticias-noticia_detalhe.php?id=Jyy5AJjj> Acesso em: 7 dez. 2014.

MARTINS, S. P. *Direito do trabalho*. 10. ed. São Paulo: Malheiros, 2008.

SALES, Iara Carina Bispo. *O desgaste mental provocado pelo trabalho e a intervenção da terapia ocupacional*. Recife: UFPE, 2002.

SILVEIRA, Mauro [Texto disponibilizado em 18 de março de 2002, na Internet]. Disponível em: <http://exame.abril.com.br-negocios-gestao-noticias-demissao-responsavel-m0040236> Acesso em: 7 dez. 2014.

TORRES, Sérgio. *Atuação do preposto da Justiça do Trabalho*. Recife: Amcham Brasil, 22 ago. 2011. Palestra proferida para profissionais de Recursos Humanos.

VIEIRA, J. L. *Resumo prático de direito do trabalho*. Recife: Livro Rápido — Elógica, 2005.

7. A necessidade de tratamento diferenciado e favorecido às relações de trabalho nas microempresas e empresas de pequeno porte

Luciana Nunes Freire[*]

1. Introdução

O objetivo deste artigo é defender a adoção de um regime diferenciado no que respeita às relações trabalhistas no âmbito das micro e pequenas empresas (MPEs), com base no arcabouço jurídico constitucional e legal vigente, e tomando por base a realidade socioeconômica deste importante empregador.

As MPEs garantem, atualmente, 52% das carteiras de trabalho assinadas no Brasil e já representam mais de 95% das empresas existentes. No entanto, segundo dados do SEBRAE, o faturamento do seguimento caiu significativamente em 2014, em relação a 2013, e o cenário previsto para 2015 ainda é de ainda maior retração, o que traz atualidade e urgência em tratarmos do tema.

A defesa das MPEs é fundamental para o desenvolvimento social e econômico do país, bem como para a manutenção e crescimento do emprego e da renda nacionais. Medidas de simplificação e uma adequação das normas trabalhistas às peculiaridades de sua operação são providências indispensáveis para sua sobrevivência e competitividade.

2. Conceito e classificação

No Brasil, o tratamento diferenciado e favorecido que a legislação e o Estado devem conferir às MPEs tem fundamento constitucional. Sem embargo da aplicação sistêmica de outros dispositivos, os arts. 146, 170 e 179, todos da Constituição Federal de 1988, contêm disposições específicas visando à proteção jurídica desses empreendimentos.

Determinam tais dispositivos, no que respeita às MPEs:

Art. 146. Cabe à lei complementar:

(...)

III - estabelecer normas gerais em matéria de legislação tributária, especialmente sobre:

(...)

---

[*] Advogada, especialista em Direito Econômico e Direito Empresarial pela Fundação Getulio Vargas. Presidente da Comissão de Jurídicos de Empresas da Ordem dos Advogados de São Paulo. Responsável pelo jurídico corporativo da Federação das Indústrias do Estado de São Paulo. Integrante do Conselho de Relações do Trabalho da Confederação Nacional das Indústrias. Integrante do Conselho Deliberativo do Fundo de Previdência Privada do HSBC Bank. Representante Empresarial na Comissão Tripartite do Ministério do Trabalho e Emprego do Brasil. Mestrando em Direito Laboral e Relações Internacionais Laborais na Universidade Nacional de Três de Febrero – UNTREF.

d) definição de tratamento diferenciado e favorecido para as microempresas e para as empresas de pequeno porte, inclusive regimes especiais ou simplificados no caso do imposto previsto no art. 155, II, das contribuições previstas no art. 195, I e §§ 12 e 13, e da contribuição a que se refere o art. 239.

(...)

Art. 170. A ordem econômica, fundada na valorização do trabalho humano e na livre iniciativa, tem por fim assegurar a todos existência digna, conforme os ditames da justiça social, observados os seguintes princípios:

(...)

IX - tratamento favorecido para as empresas de pequeno porte constituídas sob as leis brasileiras e que tenham sua sede e administração no País.

(...)

Art. 179. A União, os Estados, o Distrito Federal e os Municípios dispensarão às microempresas e às empresas de pequeno porte, assim definidas em lei, tratamento jurídico diferenciado, visando a incentivá-las pela simplificação de suas obrigações administrativas, tributárias, previdenciárias e creditícias, ou pela eliminação ou redução destas por meio de lei.

Como visto, o conceito e classificação do que seja uma MPE não se retira do texto constitucional, que se limita a garantir a existência de tratamento diferenciado e favorecido, possibilitando sua aplicação em harmonia com princípios fundamentais como o da isonomia. Cabe à lei, sem prejuízo de outras normas regulamentadoras, fixar quais sejam as condições diferenciadas e favorecidas aplicáveis a tais empreendimentos e como se classificam as empresas que delas podem se beneficiar. A adoção de um ou outro critério para a definição jurídica de uma MPE depende da finalidade e dos objetivos de enquadramento perseguidos pela legislação de regência.

Com objetivo primordialmente voltado para a regulação de um tratamento tributário que, além de diferenciado e favorecido, fosse igualmente simplificado, o estatuto promulgado com a Lei Complementar n. 123, de 14.12.2006, optou pelo critério de receita bruta auferida em cada ano-calendário, como elemento de conceituação e classificação das MPEs no país.

Segundo a referida Lei Complementar, a microempresa será a sociedade empresária, a sociedade simples, a empresa individual de responsabilidade limitada e o empresário, devidamente registrados nos órgãos competentes, que aufira, em cada ano calendário, a receita bruta igual ou inferior a R$ 360 mil. Para ser enquadrada como empresa de pequeno porte, a sociedade deverá auferir, em cada ano-calendário, receita bruta superior a R$ 360 mil, até o limite de R$ 3,6 milhões. Ressalte-se, ainda, que por via de recente alteração à Lei Complementar n. 123, de 14.12.2006, foi introduzida no âmbito desta classificação a figura do microempreendedor individual, destinada a conferir proteção jurídica à pessoa que trabalha por conta própria, aufira receita bruta anual de até R$ 60 mil e possua um único empregado.

Muito embora o espírito que norteou a elaboração legislativa da Lei Complementar n. 123, de 14.12.2006, tenha sido o de unificar as regras aplicáveis às MPEs, criando um estatuto que regulamentasse todos os aspectos de sua proteção constitucional, não há vedação a que se estabeleçam, em normas específicas, outras regras que propiciem tratamento diferenciado e favorecido a tais empreendedores. O que não se pode admitir é a burla ou o retrocesso que impliquem descumprimento dos princípios albergados na Carta Política de 1988.

Assim, outros critérios foram adotados no passado pelo Ministério do Trabalho e Emprego — MTE e pelo SEBRAE (Serviço Brasileiro de Apoio às Micro Pequenas Empresas) que utilizaram o número de pessoas ocupadas na empresa como critério para a definição. Nas atividades de serviço e de comércio, foram classificadas como microempresas aquelas que possuem até nove pessoas ocupadas, e empresas de pequeno porte aquelas que apresentam de 10 a 49 pessoas ocupadas. Na atividade industrial, a referência é de 19 para microempresas, e de 20 a 99 para as empresas de pequeno porte.

3. Importância social e econômica

Ainda que representem pouco para a economia quando consideradas isoladamente, juntas, as quase nove milhões de micro e pequenas empresas são decisivas para o desenvolvimento social e econômico do país, garantindo crescimento e renda.

Cerca de 460 mil empresas surgem no Brasil a cada ano, sendo a esmagadora maioria delas microempresas e empresas de pequeno porte. Os pequenos negócios somam 8,9 milhões de empreendimentos, o que representa 99,2% das empresas brasileiras no setor do comércio, 98,1% no setor de serviços, e 95,5% no setor da indústria, segundo dados do SEBRAE. Segundo pesquisa encomendada pela entidade, os pequenos negócios empregam 52% da mão de obra formal no país e respondem por 40% da massa salarial brasileira.

Elas são responsáveis por 27% do PIB brasileiro. No setor de comércio, são as principais geradoras de riqueza, eis que respondem por mais da metade do PIB desse setor (53,4%). No PIB da indústria, a participação delas é de 22,5%, aproximando-se do percentual das médias empresas (24,5%). Em serviços, mais de um terço da produção nacional (36,3%) têm origem nas micro e pequenas empresas. A produção gerada pelas micro e pequenas empresas quadruplicou no período entre 2001 e 2011, de R$ 144 bilhões para R$ 599 bilhões.

Diante da grande importância socioeconômica dos pequenos empreendimentos e das dificuldades em competir com empresas de maior porte e capacidade financeira, grande parte dos países também adotam mecanismos de incentivo e apoio às microempresas e empresas de pequeno porte. Consolidaram-se, no âmbito da ordem econômica internacional, a necessidade e a importância de se atribuírem regras diferenciadas aos negócios menores ou em estágio inicial, para que possam se manter no mercado com qualidade e competitividade, compensando-se os desequilíbrios frente a outros atores econômicos.

4. A Constituição de 1988 e o tratamento trabalhista diferenciado e favorecido

A Constituição Federal de 1988 estabelece tratamento diferenciado e favorecido, além de simplificado, às micro empresas e empresas de pequeno porte estabelecidas no país, como forma de incentivo e promoção ao desenvolvimento nacional.

Muito embora o art. 179 se refira expressamente ao incentivo por meio da simplificação, eliminação ou redução de obrigações (administrativas, tributárias, previdenciárias e creditícias), e o art. 146 tenha por objetivo a estruturação de um regime tributário próprio, o conteúdo do art. 170, ao determinar tratamento favorecido às MPEs em seu inciso IX, oferece um comando aberto de ampla dimensão, na forma de um princípio que deve ser interpretado dentro de uma visão sistemática de todo o texto constitucional. Trata-se de verdadeira norma de ponderação entre as garantias constitucionais de valorização do trabalho, de livre iniciativa econômica e de justiça social, as quais orientam, não só o capítulo da ordem econômica, como também os fundamentos da República vazados no corpo do art. 1º, da Constituição Federal de 1988.

Assim, não cabe uma visão constitucional restritiva, fundada com base na literalidade do art. 179, de que somente naqueles campos e atividades haveria indicação constitucional para se conferir tratamento diferenciado, favorecido e simplificado às MPEs. Também no campo dos direitos sociais ou trabalhistas é cabível a aplicação do comando constitucional que determina aos legisladores e aos demais operadores do direito um tratamento especial às MPEs, equilibrando os valores da livre iniciativa e da proteção ao trabalho.

Em nosso entendimento, toda a regulação do direito social veiculada pela Constituição Federal de 1988 tem por fundamento a dignidade da pessoa humana, combinada ao valor social do trabalho e da livre iniciativa, como preceitua o seu art. 1º.

O conjunto de direitos sociais, expressos no art. 7º, da CF/88 e na Consolidação das Leis do Trabalho — CLT, devem ser interpretados em harmonia aos fundamentos inspiradores do art. 1º, da Carta Política. No caso das MPEs, agrega-se a essa interpretação os princípios da razoabilidade e da proporcionalidade, cujas expressões diretas estão no comando para que se lhes confira proteção jurídica, visando tratamento diferenciado e favorecido. A importância das MPEs na geração de emprego e renda ao trabalhador e sua fundamental participação no desenvolvimento econômico nacional contribuem para que se afirme a simplificação e a diferenciação de seu tratamento igualmente no campo dos direitos trabalhistas.

Tomemos, por exemplo, o caso do direito às férias, de que trata o art. 7º, inciso XVII, da Constituição Federal de 1988. Não nos parece ser inconstitucional a uma lei ordinária estabelecer a possibilidade de que, no caso das MPEs., seus trabalhadores passem a gozar férias em mais de dois períodos anuais, flexibilizando os padrões atualmente aplicáveis aos demais empregadores, visto que tais medidas poderiam ser de interesse dos empregados, dos empregadores e da própria sociedade. Na verdade, o que deve ser preservada é a proteção fundamental que a Constituição Federal de 1988 confere às relações de trabalho, o que não se confunde com a compilação de um rol de prerrogativas. Não se vislumbra que a um empregado de uma MPE possa lhe ser retirado ou mitigado o direito às férias, mas sua extensão e condições de gozo poderiam ser objeto de estabelecimento ou negociação sem qualquer ofensa constitucional.

Observado pelo prisma histórico, o que se percebe é que a Carta Política de 1988, fruto do momento político em que foi concebida, incorporou ao texto constitucional uma série de normas que estavam (e ainda poderiam estar) previstas em legislação ordinária ou regulamentos.

Para entender as razões que levaram a remeter ao texto constitucional temas como aviso-prévio, férias e licença-paternidade, matérias de índole eminentemente regulamentar, é necessário retroceder ao momento histórico do país imediatamente anterior à constituinte e suas consequências políticas e legais.

Instrumentos como os atos institucionais e os decretos-lei, que simbolizam a usurpação de prerrogativas do Congresso Nacional pelo regime de exceção então vigente, fragilizaram o instrumento da lei ordinária e geraram a ânsia do movimento sindical em ver expressamente garantidas as suas propostas no corpo da Constituição, visto o receio da supressão ou mitigação de direitos e garantias sociais, fato que, tanto do ponto de vista da técnica legislativa como da conveniência social e econômica não se afigura adequado. Àquela época, juristas e estudiosos do tema constitucional já alertavam pela impropriedade técnica e pelos problemas legislativos que essa decisão política poderia acarretar.

O que se verifica hoje é a comprovação de que os direitos trabalhistas não são observados pelo simples fato de sua proteção no texto constitucional. Dependem, mais do que nunca, de condições socioeconômicas, muitas vezes ligadas a mercados globalizados, para garantir-lhes efetividade.

Conferir um tratamento trabalhista favorecido às MPEs, que viabilize a manutenção de suas atividades e, consequentemente, dos empregos que gera, constitui-se em elemento de proteção à garantia e efetividade dos direitos sociais fundamentais. Assim é que, para Norberto Bobbio, os direitos fundamentais carecem atualmente de proteção, não mais de fundamentação:

> O problema que temos diante de nós não é filosófico, mas jurídico e, num sentido mais amplo, político. Não se trata de saber quais e quantos são esses direitos, qual é a sua natureza e seu fundamento, se são direitos naturais ou históricos, absolutos ou relativos, mas sim qual é o modo mais seguro para garanti-los, para impedir que, apesar das solenes declarações, eles sejam continuamente violados. (BOBBIO, Norberto. *A era dos direitos*. Rio de Janeiro: Elsevier, 1992. p. 25)

5. A aplicação do tratamento trabalhista favorecido na legislação infraconstitucional

A Consolidação das Leis do Trabalho — CLT, surgida quase cinquenta anos antes da promulgação da Constituição Federal de 1988, não veicula normas diferenciadas aos pequenos empreendimentos em relação aos demais. Sua base normativa deve ser observada por todas as empresas sem distinção de porte e capacidade econômica.

A normatização do tratamento favorecido e diferenciado às microempresas e empresas de pequeno porte, no campo das relações de trabalho, obteve seu primeiro passo com a promulgação da Lei Complementar n. 123, de 14.12.2006, que instituiu o Estatuto das MPEs.

Muito embora fortemente voltada a dar cumprimento aos comandos constitucionais no campo tributário, com significativos avanços com a criação do Simples Nacional, a ideia do legislador sempre esteve voltada à aprovação de um Estatuto que, em um único diploma, pudesse abranger todas as normas que conferissem tratamento favorecido e diferenciado aos pequenos negócios, nas distintas áreas da regulação estatal. Em razão disso, encontramos regras que, muito embora veiculadas em lei complementar, tem *status* de lei ordinária, como as que tratam de estímulo ao crédito, licitações públicas ou registro de empresas.

Apesar dos esforços legislativos, em comparação aos avanços ocorridos em outras áreas, como tributária ou licitações públicas, na área trabalhista as disposições existentes são tímidas e voltadas essencialmente para a desburocratização administrativa.

São benefícios pontuais com pouco impacto na geração de novos empregos, relativos ao cumprimento de obrigações trabalhistas e limitados ao disposto no texto do art. 51:

Art. 51. As microempresas e as empresas de pequeno porte são dispensadas:

I – da afixação de Quadro de Trabalho em suas dependências;

II – da anotação das férias dos empregados nos respectivos livros ou fichas de registro;

III – de empregar e matricular seus aprendizes nos cursos dos Serviços Nacionais de Aprendizagem;

IV – da posse do livro intitulado "Inspeção do Trabalho"; e

V – de comunicar ao Ministério do Trabalho e Emprego a concessão de férias coletivas.

Não há avanços significativos que propiciem, por exemplo, romper a rigidez dos contratos de trabalho, a flexibilização dos períodos para concessão de férias ou o pagamento parcelado do aviso prévio, dentre outras questões que, apesar de polêmicas, seriam justificáveis quanto ao tratamento diferenciado no caso das microempresas e empresas de pequeno porte

O tema dos custos do contrato de trabalho no Brasil é de deslinde fundamental para garantir à indústria nacional a competitividade necessária no mercado global. Segundo José Pastore, especialista em relações do trabalho, as despesas de contratação (parcelas tributárias e paratributárias, cujo recolhimento é compulsório) chegam a 103,46% do salário nominal do empregado.

O Congresso Nacional já apreciou propostas mais ousadas do que o estabelecido no Estatuto das MPEs, avançando sobre temas como a redução, nos primeiros cinco anos, do valor da contribuição recolhida ao FGTS (de 8% para 2%); o pagamento do 13º salário em até seis parcelas; o fracionamento das férias em até três períodos; o pagamento do salário-maternidade diretamente pela Previdência Social; bem como a redução do intervalo intrajornada por convenção ou acordo coletivo de trabalho.

Este conjunto de ideias legislativas, que ficou conhecido como Simples Trabalhista (PL n. 951/2011), sofreu forte oposição não somente por argumentos técnicos, mas, sobretudo, a resistência em sua aprovação teve a decisiva participação de preconceitos ideológicos e conteúdos eleitorais. Seus principais avanços podem ser observados no texto do art. 3º, do Substitutivo ao PL n. 911/2011 na Comissão de Desenvolvimento Indústria e Comércio da Câmara dos Deputados:

Art. 3º Às pessoas jurídicas e físicas optantes pelo Simples Trabalhista aplicam-se as seguintes normas:

I – acordos ou convenções coletivas de trabalho específicos poderão:

a) fixar regime especial de piso salarial (REPIS);

b) dispensar o acréscimo de salário previsto no § 2º do art. 59 do Decreto-lei n. 5.452, de 1º de maio de 1943 (Consolidação das Leis do Trabalho — CLT), se o excesso de horas de um dia for compensado pela correspondente diminuição em outro dia, inclusive dia útil, de maneira que não exceda, no período máximo de um ano, à soma das jornadas semanais previstas, nem seja ultrapassado o limite máximo de dez horas diárias;

c) estabelecer, em casos de previsão para participação nos lucros ou resultados da empresa nos termos da Lei n. 10.101-2001, os critérios, a forma e a periodicidade do correspondente pagamento;

d) permitir o trabalho em domingos e feriados, sem prejuízo da exigência de compensação de que trata a alínea b;

II – acordo escrito firmado entre o empregador e o empregado poderá:

a) dispor sobre a não aplicação dos termos dos art. 487 a 491, da Consolidação das Leis do Trabalho — CLT, referentes ao aviso prévio;

b) prever o pagamento da gratificação salarial instituída pela Lei n. 4.090, de 13 de julho de 1962, de responsabilidade do empregador, em até duas parcelas, sendo paga a primeira parcela no aniversário do empregado e a segunda na forma especificada pela lei supracitada;

c) dispor sobre o fracionamento das férias do empregado, desde que observado limite máximo de três períodos, com a isenção de todos os descontos e dos tributos caso o trabalhador opte por receber em dinheiro o referente ao período de gozo a que faz jus;

d) prever a alteração da porcentagem de descontos de contribuições arrecadadas para o Sistema S com o limite máximo de 1% (um por cento);

e) estipular que não sejam incorporados nos salários os benefícios trabalhistas, tais como prêmios por desempenho, incentivos, auxílios alimentação ou refeição e demais afins;

f) os benefícios concedidos na alínea anterior não estão sujeitos à tributação.

III – para os fins previstos no art. 790-B da CLT e na Lei Federal n. 1.060, de 5 de fevereiro de 1950, os trabalhadores, o empregador doméstico, o empreendedor individual, a microempresa e empresa de pequeno porte será beneficiária da assistência judiciária gratuita;

IV – é facultado ao empreendedor individual, ao empregador de microempresa e de empresa de pequeno porte fazer-se substituir ou representar perante a Justiça do Trabalho por terceiros que conheçam dos fatos, ainda que não possuam vínculo trabalhista ou societário, nos termos do disposto no art. 54, da Lei Complementar n. 123/2006;

V – o depósito prévio para a interposição de recursos perante a Justiça do Trabalho será reduzido:

a) para as microempresas em 75%;

b) para as empresas de pequeno porte em 50%;

c) para as empresas de médio e grande porte em 25%.

VI – os conflitos individuais do trabalho poderão ser conciliados nos termos da Lei n. 9.307, de 23 de setembro de 1996, conforme cláusula compromissória de eleição da via arbitral;

VII – poderá ser celebrado contrato de trabalho por prazo determinado, nos termos da Lei n. 9.601, de 21 de janeiro de 1998 e do art. 443 da CLT, independentemente das condições estabelecidas em seu § 2º, em qualquer atividade desenvolvida pela empresa, desde que o contrato implique acréscimo no número de empregados formais da empresa;

VIII – é direito dos trabalhadores, amparados por esta lei, propor ação quanto aos créditos resultantes das relações de trabalho, com prazo prescricional de até 90 (noventa) dias após a extinção do contrato de trabalho;

IX – o Ministério do Trabalho e Emprego fica autorizado a instituir modelo de acordo padrão para as hipóteses de que trata o inciso II, com vistas à uniformização e à simplificação dos acordos individuais.

6. Considerações finais

Há, ainda, muito conflito e resistência quando tentamos flexibilizar direitos trabalhistas, o que para os sindicalistas significa, erroneamente, precarizar as relações de trabalho. Infelizmente, na cesta daqueles que repudiam a flexibilização trabalhista entram varias formas modernas de contratação como a terceirização, a contratação de cooperativas, o trabalho a distância, etc.

A rigidez nos contratos de trabalho e na fiscalização no âmbito trabalhista dificultam as contratações e empurram o trabalhador para o mercado informal onde nenhum direito é garantido, ou seja, "a proteção sem razoabilidade gera desproteção ao trabalhador". Já a flexibilidade nas relações de trabalho manteria incólume os direitos trabalhistas fundamentais.

Nesse sentido, há uma condenação da modernização trabalhista que na verdade é a salvação do mercado de trabalho contemporâneo e não a exploração do trabalhador hipossuficiente, como dizem alguns.

O sistema trabalhista que existe hoje, baseado em leis consolidadas na época getulista, está fadado ao falecimento. Já está tão doente que vem causando distorções nas interpretações da fiscalização, sentenças absurdas no judiciário, expedição de normas inexequíveis pelo Executivo, o que torna ser empreendedor ou empresário no país um grande desafio.

Neste cenário, de medo e desconfiança, a insegurança jurídica é tanta que os princípios constitucionais da livre iniciativa e da função social da empresa já foram, há muito, olvidados.

O desenvolvimento social e econômico do Brasil, com a efetivação de direitos trabalhistas, passa, necessariamente, por uma legislação moderna e compatível com os imperativos de competitividade das empresas, geração de renda e ampliação dos postos de trabalho.

Para isso, é necessária uma interpretação razoável e sistêmica da Constituição Federal de 1988, que estabeleça verdadeiro tratamento favorecido e diferenciado às micro e pequenas empresas no campo trabalhista, conferindo concretude e efetividade à proteção constitucional dada aos trabalhadores.

7. Referências bibliográficas

BRASIL. Constituição da República Federativa do Brasil de 1988. Disponível em: <http://www.planalto.gov.br-ccivil_03-constituicao-constituicao.htm> Acesso em: 23 a 26 dez. 2014.

_____. *Lei Complementar n. 123, de 14 de dezembro de 2006.* Disponível em: <http://www.receita.fazenda.gov.br-legislacao-leiscomplementares-2006-leicp123.htm> Acesso em: 23 a 26 dez. 2014.

_____. *Lei Complementar n. 147, de 7 de agosto de 2014.* Disponível em: <http://www.planalto.gov.br-ccivil_03-leis-lcp-Lcp147.htm> Acesso em: 25 dez. 2014.

_____. *Câmara dos Deputados.* Disponível em: <http://www.camara.gov.br-proposicoesWeb-fichadetramitacao?idProposicao=497551> Acesso em: 25 dez. 2014.

CARRION, Valentin. *Comentários à Consolidação das Leis do Trabalho.* 38. ed. rev. e atual. por Eduardo Carrion. São Paulo: Saraiva, 2013.

DELGADO, Mauricio Godinho. *Curso de direito trabalho.* 8. ed. São Paulo: LTr, 2009.

SEBRAE. *Participação das micro e pequenas empresas na economia brasileira.* Julho-2014. Disponível em: <http://www.sebrae.com.br-Sebrae-Portal-Sebrae-Estudos-Pesquisas-Participacao--microepequenasempresas.pdf> Data de acesso: 23 jan. 2014.

SECRETARIA DA MICRO E PEQUENA EMPRESA. *Tratamento diferenciado às micro e pequenas empresas:* legislação para Estados e Municípios. Disponível em: <http://smpe.gov.br-assuntos-cartilha_tratamentodiferenciado_mpe.pdf> Acesso em: 24 dez. 2014.

MORAES, Alexandre de. *Direito constitucional.* 23. ed. São Paulo: Atlas, 2008.

8. O Direito do Trabalho frente às novas tecnologias: a proibição do uso do celular no ambiente de trabalho

Roberta Carolinne Souza de Oliveira[(*)]

1. Introdução

Em maio de 2014, a União Internacional de Telecomunicações — UIT; órgão ligado à ONU (Organizações das Nações Unidas), afirmou que o "número total de linhas celulares no mundo deve se igualar ao de habitantes no planeta até o final deste ano".

Não precisa de uma longa pesquisa para constatar tal informação; para onde quer que se olhe, em qualquer ambiente, é comum a existência de pelo menos uma pessoa portando o famigerado celular.

Diz-se famigerado, pois, concomitante a proliferação desses aparelhos, principalmente no seu modelo *smartphone*, veio o crescimento das tecnologias de internet móvel, e os disputados *wi-fi* que vem permitindo que acessemos aplicativos como *whatsapp* em qualquer lugar; inclusive dentro do ambiente de trabalho.

É certo que o avanço das tecnologias consecutaram em grandes benefícios para empresas; principalmente no que concerne ao aumento da produtividade e consequentemente do lucro; contudo, é inconteste que, com a massificação da alta tecnologia, que vem permitindo a todos o seu acesso, tais benesses passam a ser colocadas em xeque; uma vez que, o que antes ocasionara o aumento da produtividade, agora vem tomando a atenção e o tempo dos colaboradores, causando-lhes distração com a utilização de aplicativos para uso particular e consequentemente diminuindo o tempo realmente à disposição do empregador.

Ante o exposto, e tendo em vista que só o bloqueio de certos *sites* nos *desktops* da empresa já não é suficiente para barrar o crescimento do nível de ociosidade dos colaboradores, uma vez que, hodiernamente, o mesmo é decorrente de um aparelho de uso pessoal do empregado — o celular; questiona-se a possibilidade de sua proibição dentro do ambiente de trabalho.

2. O Empregador e seus poderes

Segundo o art. 2º, *caput*, da CLT: "Considera-se empregador a empresa, individual ou coletiva, que, assumindo os riscos da atividade econômica, admite, assalaria e dirige a prestação pessoal de serviços."

(*) Graduada em Direito pela Universidade Federal do Maranhão – UFMA (2007). Pós-Graduada em Direito do Trabalho e Processo do Trabalho pela Anhanguera – UNIDERP. Pós-Graduada em Processo Civil pela OAB-MA. Procuradora Geral do Município de Cachoeira Grande – MA. Advogada Trabalhista no Escritório Feitosa e Mendonça Advogados Associados. Mestranda em Direito do Trabalho e Relações Internacionais pela Universidade Nacional de Três de Febrero – UNTREF.

O poder de direção, que tem por fundamento legal o art. 2º, *caput*, da CLT, acima exposto, pode ser conceituado como aquele que autoriza o empregador a organizar, controlar e disciplinar a prestação de serviços pelo empregado, a que ocorre, assim, de forma subordinada.

O douto escritor Luciano Martinez (2011), responsável pela obra "Curso de Direito do Trabalho", afirma que "a palavra poder tem inúmeras acepções, designando em seu sentido mais amplo a capacidade ou a possibilidade de agir e de produzir efeitos. Se analisada em sentido especificamente jurídico, a palavra passa a ser identificada como expressão de domínio, como capacidade de legitimamente submeter alguém a algo."

O mesmo autor, relembra-nos que "a capacidade de submeter residia, numa fase pré-estatal, na força ou no prestígio de indivíduos singularmente considerados. A partir do instante em que o Estado se organizou, o poder se objetivou e passou a ser concebido como algo separado da pessoa que o exerce. O poder foi, então, institucionalizado e o seu exercício passou a ser limitado dentro de uma esfera civilizatória, impeditiva de abusos e de excessos".

Nessa órbita passou a girar, também, o "poder diretivo patronal", como prerrogativa dada ao empregador para exigir determinados comportamentos lícitos dos seus empregados com vistas ao alcance de propósitos preestabelecidos.

Luiz José de Mesquita (1991), na sua obra "Direito Disciplinar do Trabalho", explica que "o poder diretivo encontra fundamento no interesse social da empresa, que exige uma perfeita organização profissional do trabalho, fornecido por seus subordinados a fim de se atingir um bem comum de ordem econômico-social."

Para Amauri Mascaro Nascimento (2003), o poder do empregador divide-se em: 1. Poder de Organização — parte do princípio que ordenar é ato inerente do empregador; 2. Poder de Controle ou de Fiscalização — fiscalizar a execução das ordens conferidas ao empregado; e 3. Poder Disciplinar – aplicar a penalidade ao empregado que descumpra ordens gerais ou dirigidas especificamente a ele.

Segundo Ari Possidonio Beltran(2001), a subordinação é o outro lado do poder diretivo do empregador no contexto do trabalho: "é da essência do contrato de trabalho a existência de um estado de dependência em que permanece uma das partes, o que se não verifica pelo menos tão incisivamente, nos demais contratos de atividade (...)".

Visto isso, é inconteste que o empregador tem o direito de organizar seu empreendimento para melhor alcançar os resultados almejados; mesmo porque os riscos do negócio cabem a ele, não podendo transferi-los aos empregados; devendo e podendo, então, determinar horário de trabalho, local e funções e atividades a serem exercidas; contudo, há de se lembrar que o mesmo jamais poderá transpor a linha tênue dos direitos sociais, individuais e trabalhistas que também cabem aos seus colaboradores.

Logo, o grande problema reside no fato que não há uma linha exata e distinta que estabeleça onde começa e termina o poder de subordinação do empregado e nem sempre é fácil distinguir tal poder com as novas tecnologias de trabalho e os novos meios de informação.

Apesar da expressa previsão constitucional do direito de propriedade da empresa que detém o empregador, a nossa Carta Magna não deixa de defender os direitos de personalidade dos empregados, pois garante a todo cidadão a proteção, também, de seus direitos próprios.

3. Os empregados e seus direitos

Não há dúvidas de que, o empregado, enquanto cidadão, é possuidor de direitos previstos, inclusive, na Constituição Federal; por meio do princípio da dignidade da pessoa humana, base de todos os direitos humanos e de personalidade.

O festejado autor, Alexandre de Morais, já explicava que "a dignidade é um valor espiritual e moral inerente à pessoa, que se manifesta singularmente na autodeterminação consciente e responsável da própria vida e que traz consigo a pretensão ao respeito por parte das demais pessoas, constituindo-se um mínimo invulnerável que todo estatuto jurídico deve assegurar, de modo que, somente excepcionalmente, possam ser feitas limitações ao exercício dos direitos fundamentais, mas sempre sem menosprezar a necessária estima que merecem todas as pessoas enquanto seres humanos."

Tais direitos, legitimamente postos, deverão ser respeitados não apenas pelo Estado, mas pelos particulares, em suas relações privadas, protegendo-se, assim, a liberdade, a autonomia e a privacidade de todo cidadão no seu dia a dia.

Contudo, nenhum direito é completamente garantido; haja vista que, como largamente difundido, todo direito termina quando começa o do próximo; por esse motivo, que de posse do caso concreto, há a necessidade de utilizar princípios da proporcionalidade e da razoabilidade para averiguar para onde deve pender a balança.

Flávia Moreira Guimarães Pessoa (2009), ensina que: "quanto mais o bem envolvido na relação jurídica em discussão for considerado essencial para a vida humana, maior será a proteção do direito fundamental em jogo e menor a tutela da autonomia privada."

De posse disso, vale dizer que, tanto o direito de propriedade do empregador, com toda a carga de subordinação do empregado que vem inerente a ele; quanto ao direito a dignidade da pessoa humana (direito de personalidade) e o dever do empregador de respeitá-los, são direitos fundamentais; portanto, não podem ser considerados absolutos; devendo, em caso de colisão, serem sopesados e ponderados.

4. Solução para o conflito: possibilidade de proibir o uso do celular no ambiente de trabalho

Como vimos acima, o poder diretivo é uma prerrogativa dada ao empregador para exigir determinados comportamentos lícitos de seus empregados.

Entende-se, com isso, que o cerne da questão está na palavra "lícito".

A Constituição da República determina que são invioláveis a intimidade, a vida privada, a honra e a imagem das pessoas, consoante previsão do inciso X do art. 5º.

Nessa mesma esteira, o art. 186 do Código Civil determina que "aquele que, por ação ou omissão voluntária, negligência ou imprudência, violar direito e causar dano a outrem, ainda que exclusivamente moral, comete ato ilícito." e o art. 187 reforça que "também comete ato ilícito o titular de um direito que, ao exercê-lo, excede manifestamente os limites impostos pelo seu fim econômico ou social, pela boa-fé ou pelos bons costumes."

Visto isso, não resta dúvida que o empregador pode proibir o uso de aparelhos celulares; pois inconteste que não há nenhuma ilicitude nessa prática; no entanto, há a necessidade do empregador tomar essa medida de forma documentada por meio de regulamento interno, que deverá ser afixado em locais onde todos os funcionários possam tomar conhecimento e deverá ser dado ciência desta proibição a cada um dos empregados já no ato da contratação. E ainda, quando houver a proibição da utilização de aparelhos celulares, o empregador deverá disponibilizar um aparelho de telefone fixo para os empregados utilizarem em situações de emergência.

A licitude de tal proibição pode ser explicada, não somente na tentativa do empresário de defender a produtividade e a lucratividade de sua empresa; mas também visa à manutenção da segurança no ambiente de trabalho.

O Tribunal Superior do Trabalho julgou, recentemente, um interessante caso sobre essa temática do uso do celular no trabalho como questão de saúde e segurança do trabalhador. "Naquele caso, durante a jornada de trabalho, uma empregada teve a sua mão prensada em uma máquina de produção de plásticos e perdeu 35% de sua capacidade funcional e laboral, além de ter sofrido sequelas anatômicas, funcionais e estéticas em decorrência desse acidente de trabalho. Entretanto, nos autos restou provado que o acidente só aconteceu porque a empregada tentou pegar seu celular em cima da prensa. Ao final, os ministros concluíram que a empresa não deveria ser responsabilizada pelo acidente, uma vez que provou que adotava medidas necessárias à prevenção de acidentes, entre elas a proibição do uso de celular em serviço. Assim, como a trabalhadora desobedeceu a regra da empresa e foi trabalhar levando seu aparelho celular, assumiu o risco do acidente e graças a essa atitude imprudente, foi declarada sua culpa exclusiva para que o acidente ocorresse e ela foi perdedora da ação."

No mais a mais, vale destacar que, mesmo sendo direito do empregador proibir ou restringir o uso do celular no ambiente de trabalho, esse direito é limitado, não podendo, por exemplo, o empregador realizar revistas íntimas, pessoais, de pertences; pois assim caracterizaria uma ilicitude, uma vez que afrontaria o direito à imagem, à personalidade do empregado.

5. A desídia do empregador e as modalidades punitivas

Importante criar o presente tópico para esclarecer ao empregador quais as formas corretas de punir seus colaboradores caso seja política da empresa proibir o uso de celulares, e ainda assim o empregado insistir em fazer o uso do aparelho em ambiente e horário de trabalho, mesmo tendo o pleno conhecimento desse impedimento.

Para isso é necessário esclarecer o que viria ser ato desidioso.

Gustavo Filipe Barbosa Garcia (2007) ensina que "desídia refere-se à falta de atenção, negligência, desinteresse, desleixo do empregado, quanto à prestação dos serviços."

Verificado tal comportamento por parte do empregado, poderá se aplicar uma das seguintes modalidades punitivas: 1) Advertência (verbal ou escrita); 2) A suspensão Disciplinar; 3) A Dissolução Contratual por Justo Motivo.

Não se exige que as penalidades sejam aplicadas de forma gradual, pois uma falta de elevada gravidade pode, por si só, conforme as circunstâncias, justificar a imposição de pena mais drástica.

De todo modo, a punição abusiva ou excessiva pode ser questionada pelo empregado. Aliás, como bem rememora o autor já citado, Gustavo Filipe Barbosa Garcia, "a ilicitude em questão pode, inclusive, acarretar ao empregador o dever de reparar eventual lesão a direito do empregado, de ordem pessoal ou material."

Assim, no caso do uso do celular por parte de empregado, o empregador poderá advertir o empregado. E se esse empregado insistir na utilização do celular o empregador poderá aplicar a pena de suspensão. Caso não surta efeitos e o empregado insista na conduta, poderá o empregador demitir por justa causa, por ato desidioso; contudo, deverá utilizar seu poder diretivo com responsabilidade, garantindo, assim, os direitos mínimos de personalidade de seus colaboradores.

6. Considerações finais

Após a leitura do presente artigo, verifica-se que não há de se falar num direito ilimitado do empregador, por meio de seu poder diretivo, permitindo atos de fiscalização sem controle e de qualquer forma; nem tampouco que o direito de personalidade do empregado se sobreponha aos interesses da empresa.

Somente após verificado o caso concreto que se poderá concluir que um determinado ato está cingido ou não de licitude, legitimando ou não o ato do empregador. E, para chegar a tal conclusão, o julgador terá que ponderar o princípio da proteção da propriedade do empregador em contrapartida ao princípio da dignidade da pessoa humana do empregado, refletido em seus direitos de personalidade.

Por fim, importante rememorar que sem empresa não há que se falar em empregados; e sem empregados, uma empresa não poderá produzir e auferir lucros; portanto, diante de conflitos, como estes trazidos com o avanço das tecnologias, e que ainda não tem o respaldo legal; deverão os doutos magistrados resolvê-los de uma forma em que garanta a salvaguarda da maior parte dos direitos de ambas as partes; verificando se aquilo que limita o direito do empregado é realmente necessário para a atividade da empresa; seja no âmbito patrimonial (lucratividade, produtividade) ou até mesmo a segurança dos empregados; além disso, nessa mesma esteira, caso o ato de constrição ao direito do empregado realizado pelo empregador, se de fato necessário, foi realizado de uma forma menos gravosa a eles.

7. Referências bibliográficas

BELTRAN, Ari Possidonio. *Dilemas do direito do trabalho e do emprego na atualidade*. São Paulo: LTr, 2001.

DELGADO, Mauricio Godinho. *Curso de direito do trabalho*. 4. ed. São Paulo: LTr, 2005.

_____. Princípios constitucionais do trabalho. *Revista de Direito do Trabalho*, São Paulo, RT, ano 31, n. 117, jan./mar. 2005.

GARCIA, Gustavo Filipe Barbosa. *Curso de direito do trabalho*. São Paulo: Método, 2007.

GARCIA, Roni Genicolo. *Manual de rotinas trabalhistas*. 4. ed. São Paulo: Atlas, 2009.

MARTINEZ, Luciano. *Curso de direito do trabalho*: relações individuais, sindicais e coletivas do trabalho. 2. ed. São Paulo: Saraiva, 2011.

MESQUITA, Luiz Jose de. *Direito disciplinar do trabalho*. 1. ed. São Paulo: LTr, 1991.

MORAES, Alexandre. *Direito constitucional*. 24. ed. São Paulo: Atlas, 2009.

NASCIMENTO, Amauri Mascaro. *Curso de direito do trabalho*. 18. ed. São Paulo: Saraiva, 2003.

PESSOA, Flávia Moreira Guimarães; CARDOSO, Aline Almeida. Ponderação de direitos fundamentais e proteção à intimidade, privacidade e honra do empregado. *Revista Magister de Direito Trabalhista e Previdenciário*, Porto Alegre, Magister, n. 28, jan./fev. 2009.

PESSOA, Flávia Moreira Guimarães. A dignidade da pessoa humana e o direito do trabalho. *Revista Ciência Jurídica do Trabalho*, Belo Horizonte, RCJ Edições Jurídicas, ano 11, n. 69, maio/jun. 2008.

VICENTE, Paulo. *Resumo de direito do trabalho*. 9. ed. Rio de Janeiro: Forense; São Paulo: Método, 2010.

UOL. *Notícia do site UOL*. Disponível em: http://tecnologia.uol.com.br-noticias-redacao-2014--05-05-onu-numero-de-linhas-celulares-alcancara-o-de-habitantes-no-mundo-em-2014.htm>.

9. Horas extras — ônus ou bônus

Telma Regina da Silva[*]

1. Introdução

Este estudo traz o limite máximo da jornada de trabalho constante na legislação brasileira, aplicada de forma genérica e constitucional e procura demonstrar a natureza das horas extras no contexto nacional, ou seja, procura demonstrar em breves contextos os reflexos que ocorrem para empregador, trabalhador e sociedade quando há excesso de prestação de horas suplementares, ou seja, quando o limite máximo de horas da jornada de trabalho é avançado, com permissão legal ou não.

Outrossim, traz também a análise das horas extras no enfoque de ser ônus ou bônus, tanto para o empregador quanto para o empregado, já que se verifica na atualidade que a prestação de horas extras se tornou muito comum e isso deve ter um reflexo natural nas relações de trabalho, e, consequentemente, no fomento ou não de novos postos de trabalho, dependendo da utilização do instituto e da necessidade real do mercado.

Importante salientar também que a prestação de horas extras também pode refletir na sociedade, como um todo, como ônus ou bônus, dependendo da forma como é praticada.

2. Antecedentes

Para chegarmos à origem das horas extras, mister se faz trazer à baila a evolução histórica da jornada de trabalho brasileira.

A Constituição Brasileira de 1934 estabelecia "trabalho diário não excedente de oito horas, reduzíveis, mas só prorrogáveis nos casos previstos em lei" (MARTINS, 2009. p. 486), porém, já existiam legislações esparsas que davam conta da jornada de trabalho no comércio (BRASIL, Decreto n. 21.186 de 22.03.1932), na indústria (BRASIL, Decreto n. 21.364 de 4.5.1932), nas barbearias (BRASIL, Decreto n. 22.979/33), dentre outros ofícios.

A Constituição Brasileira de 1937 também estabeleceu a jornada de trabalho como "dia de trabalho de oito horas, que poderá ser reduzido, e somente suscetível de aumento nos casos previstos em lei". (MARTINS, 2009. p. 486)

A regra geral de que a jornada de trabalho seria de oito horas diárias se deu, primeiro, pela sistematização dos decretos esparsos num Decreto-lei, o de n. 2.308 de

---

(*) Advogada atuante. Graduada em Ciências Jurídicas pela Universidade de Taubaté – UNITAU (1998). Pós-Graduada em Direito Público pela Universidade Salesianas – UNISAL (2005). Pós-Graduada em Direito do Trabalho e Processo do Trabalho pela Universidade Anhanguera – UNIDERP (2010). Personal Coach – Associação Brasileira de Coaching (2014). Mestranda em Direito do Trabalho e Relações Internacionais pela Universidade Nacional de Três de Febrero – UNTREF.

13.6.1904 e, posteriormente, surgiu a Consolidação das Leis do Trabalho, em 1º.5.1943 que incorporou o Decreto-lei mencionado e o restante da legislação esparsa sobre jornada do trabalho.

Seguindo a evolução histórica, as Constituições Brasileiras de 1946 e 1967 não trouxeram alterações à jornada de trabalho de oito horas diárias, até que a Constituição Federal de 1988 modificou a orientação que vinha sendo seguida até então, quando dispôs, em seu art. 7º, inciso XIII, que: "duração do trabalho normal não superior a oito horas diárias e quarenta e quatro semanais, facultada a compensação de horários e a redução de jornada, mediante acordo ou convenção coletiva de trabalho".

Esta é a jornada de trabalho geral vigente na legislação brasileira até os tempos hodiernos, prevista no art. 58 da CLT: "A duração normal do trabalho, para os empregados em qualquer atividade privada, não excederá de oito horas diárias, desde que não seja fixado expressamente outro limite".

Verifica-se, contudo, em todos os tempos, que a jornada de trabalho poderia sempre ser reduzida sem maiores formalidades, mas nunca aumentada sem respaldo legal.

Esses aumentos na jornada de trabalho legalmente fixada são efetivamente as chamadas horas extraordinárias, horas suplementares ou horas extras e, portanto, para que sua existência e prática sejam aceitáveis as mesmas devem, necessariamente, obedecer a algum comando legal sob o manto de cada categoria.

No tocante às horas extras, a Consolidação das Leis do Trabalho, em seu art. 59 e respectivo parágrafo primeiro, fixa a seguinte regra: "A duração normal do trabalho poderá ser acrescida de horas suplementares, em número não excedente de duas, mediante acordo escrito entre empregador e empregado, ou mediante contrato coletivo de trabalho. Parágrafo primeiro – Do acordo ou do contrato coletivo de trabalho deverá constar, obrigatoriamente, a importância da remuneração da hora suplementar, que será, pelo menos 50% (cinquenta por cento) superior à da hora normal." (BRASIL, CLT)

3. Fundamentos e eficácia da limitação na prestação das horas extras

No início do sistema de produção capitalista as jornadas de trabalho eram extenuantes, chegando muitas vezes a dezesseis horas. Os empregadores eram os maiores beneficiados pela falta de fixação de jornada legalmente estabelecida, pois se aproveitavam da capacidade laborativa do obreiro ao máximo, sem ter que contratar outro trabalhador, preservando-se, assim, de ter mais gastos com impostos e salários com a contratação de mais mão de obra.

Com a organização da classe trabalhadora, o surgimento dos sindicatos e as pressões sociais do proletariado, o Estado acabou se vergando às reivindicações dos trabalhadores e seus representantes, passando a limitar a jornada de trabalho, de forma a civilizar e humanizar, ainda que sem a notória efetividade frente às garantias fundamentais dos trabalhadores, as relações de trabalho sob o aspecto da mensuração da quantidade de trabalho prestado.

A limitação da duração do trabalho válida e legalmente imposta tem como fundamento, de forma destacada, aspectos biológicos, sociais, econômicos e humanos. (MARTINS, 2009. p. 489-490), visando à preservação do trabalhador, como fator humano.

Sob o aspecto biológico, constatou-se que as jornadas excessivas, principalmente com relação aos aspectos psicofisiológicos, provocam a fadiga do trabalhador, com danos muitas vezes graves à sua saúde e ao seu rendimento no trabalho, com segurança. As pausas são necessárias para evitar a queda do rendimento laboral, o acúmulo de ácido lático no organismo e a insegurança do trabalhador, por consequência. O cansaço provocado pelo excesso de trabalho diário pode levar também à fadiga física e psíquica, aumentando a incidência de doenças ocupacionais e facilitando a ocorrência de acidentes de trabalho.

Ora, um trabalhador sobrecarregado tem mais chances de erros, menos possibilidade de prestar seu labor com excelência, mas os empregadores não se focam neste ônus laboral. Devido ao capitalismo desenfreado, o lucro é o único bem almejado pelo lado patronal.

Sob o ponto de vista social, aqui incluído os fundamentos familiares, a jornada de trabalho extensa afasta o trabalhador do convívio com seus pares, provocando distúrbios familiares e segregação social. Com o devido descanso legal, previsto em lei, o obreiro tem a faculdade de utilizar seu tempo para desfrutar da companhia da família, ir ao clube, igreja, festas, praticar esportes, enfim, participar de atividades prazerosas e necessárias ao seu descanso no sentido mais amplo da palavra, incluindo aqui também o direito ao lazer ou ócio produtivo.

Muitos casos nos são apresentados onde o obreiro que se dedica mais ao trabalho do que à família, acaba gerando uma desestrutura familiar, podendo levar ao fracasso a relação entre seus conviveres. Eis mais um ônus ao trabalhador que está obrigado a prestar horas extras além do limite legal fixado.

Os aspectos econômicos estão ligados às necessidades de produção do empregador, quando aumenta a jornada de trabalho para aumentar a produção. É aqui que o Estado precisa intervir para haver a limitação, evitando o excesso na prática das horas extras.

Havendo limitação de jornada efetiva e fiscalizada, pode-se dizer que haverá a diminuição do desemprego, com a criação de mais postos de trabalho. É um ônus ao empregador, mas um bem necessário à sociedade em si. A fomentação de novos postos de trabalho com a diminuição da prestação de horas extras pode-se traduzir em bônus social e até em bônus para a classe patronal, visto que terá mais qualidade na prestação de serviços que almeja, com diminuição dos riscos de acidentes e ocupacionais.

Em contrapartida, o estresse e o cansaço do empregado decorrentes da jornada exaustiva levam à queda do rendimento do trabalhador, fazendo com que o mesmo produza menos, o que conflita com o interesse patronal.

Finalmente, sob o aspecto humano, as limitações se dão na tentativa de evitar ou diminuir os acidentes de trabalho, que ocorre amiúde no período em que o trabalhador exerce seu mister cansado, com reflexos reduzidos, decorrentes da jornada extraordinária.

Como já aduzido, um trabalhador cansado e fadigado está mais propenso a cometer erros, que podem causar acidentes.

O corpo físico é limitado e tem um desgaste natural na prática de qualquer atividade, durante muito tempo. Biologicamente, o ser humano necessita de intervalos em suas atividades (quaisquer que sejam) a fim de preservar sua concentração, sua atenção, mobilizar seus músculos e descansar.

Desta feita, o aspecto humano em baila, precisa ser observado para que haja preservação de direitos e para que sejam evitados acidentes de trabalho — estes causados, mormente, ante as consequências danosas do excesso na prática de aumento da jornada de trabalho no corpo e psique do obreiro.

Quanto à eficácia, temos que as normas que limitam e regulam a duração do trabalho são normas de medicina e segurança do trabalho, e como tais são normas de ordem pública (também chamadas cogentes ou imperativas), razão pela qual são irrenunciáveis pelo obreiro.

Como exposto, embora existam nos textos legais limitações na prestação de horas extraordinárias, o que comumente se vê é o abuso desta prática, ocasionada, na grande parte das vezes, pela ânsia pelo lucro dos empregadores que sempre enxergam a concessão de direitos aos trabalhadores como fator negativo aos seus anseios, não vislumbrando os benefícios que a efetividade de medidas protetivas às garantias dos trabalhadores poderia gerar a médio e longo prazo.

3.1. Enfoque constitucional

A atual Constituição Federal Brasileira, promulgada em 05 de outubro de 1988, tem como característica a promoção do Estado Social. Ela é originária do fim de uma época de repressão aos direitos individuais e, por isso, vislumbra a sua disposição numa forma de tutela que visa garantir a fruição de direitos sociais pelo indivíduo. Assim, grande importância foi dada aos Direitos Sociais e é neste compasso que se busca demonstrar que as horas extras prestadas em desacordo com a permissividade legal é ônus ao trabalhador.

Nos arts. 7º a 11 da Constituição, encontra-se um extenso rol de direitos trabalhistas, o que demonstra a preocupação do legislador em garantir tais direitos de forma concreta, fugindo da abstração e generalidade, características das cartas constitucionais anteriores.

Verifique-se, contudo, que em relação aos direitos sociais propriamente ditos, a Constituição traz em seu bojo, genericamente, a sua exposição no art. 6º e, especificamente, a tutela desses direitos é encontrada nos arts. 193 a 232, o que pode induzir a erro na questão valorativa desses direitos, uma vez que os direitos sociais, previstos nesses artigos, apesar de se encontrarem no final do texto, também são direitos fundamentais, que gozam das mesmas qualidades daqueles descritos no art. 7º.

Em relação ao conteúdo material, um aspecto importante dos direitos sociais é a sua íntima relação com a igualdade: "Os direitos sociais, como dimensão dos direitos fundamentais do homem, são prestações positivas proporcionadas pelo Estado direta ou indiretamente, enunciadas em normas constitucionais, que possibilitam melhores condições de vida aos mais fracos, direitos que tendem a realizar a igualização de situações sociais desiguais. São, portanto, direitos que se ligam ao direito de igualdade." (SILVA, 2008. p. 286)

Além de prezar pela igualdade, outra orientação trazida pela Constituição de 1988, é a forma da interpretação dos seus dispositivos. A atual Constituição estabelece em seus primeiros artigos, quais são os seus princípios fundamentais, o que significa que qualquer norma contida na Constituição deve seguir uma orientação interpretativa, inclusive no tocante aos direitos sociais.

Tendo, ainda, como preceito fundamental a dignidade da pessoa humana, conclui-se que todas as disposições de direitos sociais devem ser interpretadas com vista a promover a dignidade da pessoa humana.

Nessa esteira, quando a Constituição trata jornada de trabalho, entre outros direitos, em verdade, está tentando proteger e garantir a dignidade da pessoa humana. Nesse ponto, é que o direito à saúde, à segurança e ao lazer do obreiro se torna uma das peças principais na tutela dos direitos sociais, uma vez que não se tenta abolir o trabalho extra, mas, sim, impingir a dignidade humana em suas relações.

4. Considerações finais

Diante do que foi aduzido, e, analisando a relevância do tema, verificamos que a prestação eventual de jornada de trabalho com horas extras, enquanto dentro das limitações impostas pela legislação em vigor, é um importante fator à produtividade almejada pelo empregador, com custo relativamente menor do que se tivesse que contratar outro funcionário para suprir suas necessidades, podendo-se traduzir como um bônus.

A prestação de horas extras legais também é benefício — ônus — para o trabalhador, já que se traduz num *plus* salarial, devido ao recebimento do adicional incidente sobre cada hora suplementar prestada, desde que de forma eventual.

Admite-se que há permissibilidade legal de situações contratuais que possibilitam a prestação de horas extras, seja por força maior, acordo de prorrogação de horas, sistema de compensação, mas isso deve ser usado extraordinariamente, respeitando as limitações existentes na nossa legislação pertinentes à matéria, evitando a exploração da mão de obra e, em contrapartida, fomentando a criação de novas vagas de trabalho e oportunizando o crescimento pessoal do empregado, que poderá utilizar seu tempo livre para o desenvolvimento de atividades relacionadas a outras áreas de interesse

A realidade, porém, nos mostra que a prática de horas extras tem sido utilizada de forma abusiva, onde o empregador mais se interessa no lucro do que no fator humano, isto é, estende a jornada de trabalho, muitas vezes de forma habitual, para não ter que contratar mais mão de obra, objetivando apenas lucro.

Nesse contexto, não se pode vislumbrar somente a natureza salarial do trabalho extraordinário, que é meio de aumento de renda para o trabalhador e dizer que as horas extras são apenas bônus para o obreiro, pois existem fatores que devem ser analisados a fim de garantir os direitos sociais do obreiro, mormente com relação à saúde do trabalhador, seu descanso legal e à segurança do trabalho no ambiente laboral, sob pena de que o trabalhador se veja reduzido à simples artefato de produção, dado que a inobservância destes direitos se traduzem em verdadeiros ônus à vida do empregado.

O direito ao repouso, descanso, saúde, segurança (enfim, os direitos sociais abrigados pela nossa legislação) se traduzem como limites sócio-jurídico ao trabalho extraordinário, como condição de um trabalho verdadeiramente dignificante. Só se pode falar em trabalho digno ou respeito à dignidade do trabalhador numa relação em que se possa realmente vislumbrar a concretização dos direitos fundamentais garantidos constitucionalmente.

A aplicação dos direitos fundamentais do trabalhador na realidade hodierna necessita, para se fazer valer, de uma imputação de sanções mais agressivas ao seu causador, responsabilizando-o civilmente pelas consequências de seus atos.

Para desestimular a corriqueira prestação de horas extraordinárias que fogem aos limites estabelecidos pela legislação, entende-se que devem ser elaborados meios de fiscalização mais efetivos, com advertências assertivas, podendo chegar a punições pecuniárias, visando a descompensação na infringência das normas existentes, que visam o cumprimento das garantias fundamentais dos trabalhadores.

Porém, devido à falta de fiscalização e sanções efetivas no controle da prestação da jornada extraordinária, aliadas ao capitalismo desenfreado, a utilização deste instituto (horas extras) acaba se dando, muitas vezes, fora dos parâmetros legais, até de forma permanente, maculando a eficácia da garantia constitucional do direito ao lazer, da saúde do trabalhador e até da própria segurança do trabalho, tornando-se um verdadeiro ônus às partes da relação de trabalho e até à sociedade.

5. Referências bibliográficas

BRASIL. *Constituição Federal, CLT legislação previdenciária*. São Paulo: Saraiva, 2009.

_____. Constituição (1988). *Constituição da República Federativa do Brasil:* promulgada em 5 de outubro de 1988. Brasília, 2007.

CALVET, Otávio Amaral. *Direito ao lazer nas relações de trabalho.* 1. ed. São Paulo: LTr, 2006. Material da 3ª aula da Disciplina Direitos Fundamentais e Tutela do Empregado, ministrada no Curso de Pós-Graduação *Lato Sensu* Televirtual em Direito e Processo do Trabalho – UNIDERP--REDE LFG.

CARRION, Valentin. *Comentários à Consolidação das Leis do Trabalho.* 33. ed. São Paulo: Saraiva, 2004.

CAVALIERI FILHO, Sergio. *Programa de responsabilidade civil.* 8. ed. 3 reimpr. São Paulo: Atlas, 2009.

CUT (Central Única dos Trabalhadores). *Hora extra:* o que a CUT tem a dizer sobre isto. Secretaria de Política Sindical da CUT — Brasil. (Org.) — São Paulo: CUT Brasil, 2006. 204 p.

DELGADO, Mauricio Godinho. *Curso de direito do trabalho*. 7. ed. São Paulo: LTr, 2008.

MARTINS, Sergio Pinto. *Direito processual do trabalho*. 29. ed. 2. reimp. São Paulo: Atlas, 2009.

NASCIMENTO, Amauri Mascaro. *Curso de direito do trabalho:* história e teoria geral do direito do trabalho: relações individuais e coletivas do trabalho. 21. ed. rev. e atual. São Paulo: Saraiva, 2006.

SÜSSEKIND, Arnaldo *et al*. *Instituições de direito do trabalho*. 18. ed. atual. por Arnaldo Süssekind e João de Lima Teixeira Filho. São Paulo: LTr, 1999.

SÜSSEKIND, Arnaldo *et al*. *Instituições de direito do trabalho*. 22. ed. São Paulo: LTr Digital 2, 2005. v. 1, v. 2.

10. A constitucionalidade da obrigatoriedade das comissões de conciliação prévia no direito laboral brasileiro

Vanderleia Lopes da Silva[(*)]

1. Introdução

Este trabalho originou-se a partir da necessidade-possibilidade de ampliação dos meios alternativos de resolução de conflitos no Direito Trabalhista Brasileiro e a utilização das Comissões de Conciliação Prévia como forma de solução para os conflitos individuais trabalhistas, bem como a constitucionalidade da sua submissão prévia obrigatória, objetivando estimular e demonstrar a eficácia das Comissões de Conciliação Prévia para solucionar os conflitos no Brasil, enumerando-se as importâncias e vantagens da sua instituição, e as críticas quanto à sua implantação e atuação nos conflitos individuais trabalhistas. Tendo como preceito fundamental, desafogar a Justiça do trabalho e torná-lo mais célere, crível, dada a relevância da utilização dos meios extrajudiciais na solução de conflitos laborais.

Nessa perspectiva, a comissão de conciliação prévia, será analisada sob o prisma da constitucionalidade a partir de uma visão do universo jurídico e social, como possível aliada na redução das demandas trabalhistas, contribuindo assim, para o desenvolvimento econômico e social do país, estimulando e facilitando o entendimento entre as partes, favorecendo efetivamente para evitar a judicialização dos conflitos e a promoção da paz social.

A judicialização das demandas trabalhistas, por meio de um processo, como único meio para solucionar os conflitos individuais laborais, que surgem a partir do exercício do labor, contribuem decisivamente para o aumento e sobrecarga do Poder Judiciário. Agravado pelo fato de que, a morosidade na resolução dos processos fere o princípio da celeridade processual e muitas vezes penaliza o trabalhador, na efetivação de um dos direitos laborais mais pungentes, que é o emprego, posto que uma decisão tardia não terá eficácia, dado o caráter alimentar das verbas trabalhistas. Nessa perspectiva, o Poder Judiciário vem sendo entendido como uma justiça justa ou uma justiça resolutiva de conflitos trabalhistas?

Oportuno salientar, os ensinamentos do jurista Rui Barbosa:

> "Mas justiça atrasada não é justiça, senão injustiça qualificada e manifesta. Porque a dilação ilegal nas mãos do julgador contraria o direito escrito das partes, e, assim, as lesa no patrimônio, honra e liberdade."

(*) Graduada em Direito pela Universidade do Estado da Bahia – UNEB (2010), Pós-Graduada em Coordenação Pedagógica pela Universidade Federal da Bahia – UFBA (2012), Advogada Trabalhista e Técnica do Governo do Estado de Pernambuco, Mestranda em Direito do Trabalho e Relações Internacionais pela Universidade Nacional de Três de Febrero – UNTREF.

A implementação dos meios alternativos de solução extrajudiciais no direito laboral brasileiro poderá favorecer tanto para facilitar a negociação *inter partes,* por meio de metodologias alternativas, como também para tratar os litígios de forma racional, de modo que os interesses do trabalhador, da empresa e da produção sejam respeitados em seu conjunto, como também para reduzir o número de processos impetrados na justiça do trabalho. Considerando ainda a necessidade de aprimoramento no campo das conflitualidades, decorrentes do confronto entre o trabalho e o capital. Conduzindo assim, ao reconhecimento do potencial das Comissões em ampliar o acesso à justiça na perspectiva dos conflitos trabalhistas, utilizando-se dos espaços alternativos ao Judiciário.

Considerando ainda que a conciliação traduz-se como uma forma de autocomposição dos conflitos, posto que as partes encontram alternativas para resolver suas lides por meio de uma negociação, sem intervenção de um terceiro como ocorre na mediação, ou sem que esta alternativa seja imposta, como é o caso da arbitragem e da jurisdição. Alternativa essa, menos dolorosa que a heterocomposição, causadora de insatisfações recíprocas. A pretensão da Comissão de Conciliação Prévia é aliviar e impedir a chegada do litígio ao Judiciário trabalhista, o que não impossibilita o acesso pelo operário ao Poder Judiciário que não se submeta a esse procedimento administrativo.

Cumpre salientar que as atribuições das CCP só abrangem os conflitos individuais do trabalho, não podendo versar sobre conflitos coletivos. A competência para intermediar e negociar os conflitos coletivos trabalhistas é dos sindicatos.

A lei não indica os limites das matérias de natureza trabalhista que podem ser objeto de negociação pelas comissões, ficando ao arbítrio da doutrina especificar que direitos não podem ser transigidos pelos trabalhadores e empregadores. No entanto, o Ministério do Trabalho e Emprego exclui da competência desses órgãos os conflitos de natureza coletiva, que envolvem a fixação das condições de trabalho dos empregados de uma empresa ou de uma categoria, as questões de ordem pública, a exemplo daquelas relacionadas com a segurança e a saúde do trabalho, de assistência ao trabalhador na rescisão de contrato de trabalho firmado há mais de um ano, que resulte a homologação dos pagamentos rescisórios.

Vale ressaltar que existem ainda, limites à atuação das comissões, Lorentz destaca que:

> "Ficam excluídas do âmbito de atuação das CCP's as lides que envolvam direitos difusos, coletivos e individuais homogêneos...
>
> ... estão excluídas as questões que envolvam discriminações na relação de trabalho e as questões de fraudes coletivas às relações de emprego...
>
> ... a atividade de homologação de pagamento de verbas rescisórias...
>
> ... os processos que demandam prova técnica, tais como (...) pedidos de insalubridade, de periculosidade (...), CTPS, recolhimentos previdenciários e CTPS.

... ainda (...) receber uma ação de consignação em pagamento..."

O art. 625-A da CLT, dispõe sobre a competência das Comissões de Conciliação Prévia, no sentido de que, tais órgãos têm "a atribuição de tentar conciliar os conflitos individuais do trabalho, cuja função é conciliatória e facilitadora do acordo entre as partes. Não lhe é facultado a possibilidade de julgar por não ter jurisdição, e por ser esta, uma prerrogativa do Poder Judiciário Trabalhista.

2. Os meios alternativos de resolução de conflitos sob a perspectiva da Recomendação n. 92 da OIT

A OIT Organização Internacional do trabalho, no ano de 1951, aprovou a Recomendação n. 92, determinando a criação e aplicação da conciliação e arbitragem voluntárias no Direito Trabalhista, no intuito de contribuir para prevenção e solução dos problemas laborais, de forma ordenada e pacífica. Fazendo-se necessário a adequação de tais organismos a realidade sócioeconômica de cada Nação. Para tanto, cada país deverá criar leis próprias para regulamentar tais institutos e incorporar a Recomendação ao ordenamento jurídico pátrio, somente após a criação da Lei.

A Organização Internacional do Trabalho recomenda ainda que tais organismos deverão primar pela representação igualitária dos trabalhadores e empregadores no desenvolvimento dos procedimentos de conciliação e arbitragem, cuja adesão deverá se dar de forma voluntária, livremente pactuados, tanto no âmbito público como no âmbito privado.

O deslinde dos conflitos laborais na esfera administrativa, vem sendo motivo de preocupação e tema de abordagem pela OIT em diversas Recomendações, dentre elas podemos elencar: A Tecomendação n. 94, de 1952, a 113, de 1960 e as Recomendações ns. 129 e 130, ambas de 1967, todas versam sobre os procedimentos de aprimoramento cooperação, avanços das comunicações, além de uma maior eficácia no processo de interpretação das leis na solução dos conflitos.

Nessa perspectiva, as recomendações da Organização Internacional do Trabalho, norteiam os princípios basilares a serem seguidos pelas nações na resolução dos conflitos laborais. Favorecendo a satisfação dos interesses das partes, fazendo-se valer da utilização dos mecanismos voluntários da conciliação e da arbitragem, antes de mover a esfera judicial. Além de contribuir para o progresso econômico, alicerçado nos pilares de uma civilização que almeja a concretização da paz social.

Visando atender a Recomendação n. 92, de 1951, da Organização Internacional do Trabalho, o Brasil elaborou a Lei n. 9.958/2000 que instituiu a criação das Comissões de Conciliação Prévia no ano de 1992; no entanto, não logrou êxito.

As Comissões de Conciliação Prévia no Brasil foram instituídas com a Lei n. 9.958/2000. Antes mesmo da publicação da referida lei, houve manifestações contrárias a ela, apesar das críticas sofridas desde o projeto de lei, em virtude da obrigatoriedade da conciliação, o que, segundo doutrinadores, os tribunais tornam a lei inconstitucional, pois fere ao que preceitua o art. 5º, XXXV, da Constituição Federal de 1988, que dispõe acerca do livre acesso ao Poder Judiciário, *in verbis:*

Art. 5º-XXXV – a lei não excluirá da apreciação do Poder Judiciário lesão ou ameaça a direito;

O autor Edésio Passos afirmou que, após a publicação da lei instituidora das comissões, *"surgiram denúncias de irregularidades, deficiências e abusos cometidos por conciliadores e mesmo a instalação de pseudotribunais de conciliação, visando lucros e prejudicando os trabalhadores"*. Após as denúncias, a lei foi alterada, no intuito de sanar possíveis irregularidades. Dando margem ao surgimento de Ações Declaratórias de Inconstitucionalidade no Supremo Tribunal Federal, pondo em xeque a obrigatoriedade de submeter a demanda individual trabalhista à comissão, bem como a eficácia liberatória do acordo formalizado perante ela.

Diante disso, o Supremo Tribunal Federal, posicionou-se acerca do tema, por meio da ADI n. 2.139-DF, o STF entendeu que a submissão prévia a CCP, determinada pelo art. 685-D da CLT, deve ser aplicada conforme a inteligência do texto constitucional, ou seja, facultativamente, pois sua obrigatoriedade como condição prévia para buscar a tutela jurisdicional, restringiria e limitaria o livre acesso ao Poder Judiciário.

É sabido que o princípio do livre acesso ao Judiciário é uma das mais importantes garantias individuais, sendo considerado *Clausula Petrea*, um direito fundamental, no Direito Brasileiro, de ordem social e pública, por possibilitar a efetivação de outros direitos fundamentais, que pode ser alcançado de forma harmônica, pacífica, pelo diálogo das partes interessadas, de forma equânime, vislumbrando resolver os conflitos, e não apenas obtido de forma impositiva, coercitiva ou pela força. Nessa perspectiva o tema da constitucionalidade ou inconstitucionalidade das Comissões de Conciliação Prévia será analisado rigorosamente.

3. A constitucionalidade das CCPs e a possibilidade de ampliação dos meios alternativos de solução dos conflitos laborais no direito brasileiro

É irrefutável que há uma grande polêmica acerca da constitucionalidade das Comissões de Conciliação Prévia, criadas pela Lei n. 9.958/2000, gerando opiniões e divergências doutrinárias e jurídicas acerca da sua constitucionalidade à luz do Poder Judiciário Brasileiro.

De um lado, defende-se de forma voraz a constitucionalidade dessa norma, por considerar que as Comissões de Conciliação Prévia, foram criadas com o principal objetivo de desafogar a Justiça do Trabalho, em virtude das dificuldades enfrentadas para prestar jurisdição por causa da grande demanda de litígios trabalhistas. É nesse o pano de fundo, à vista de a norma em questão ter criado apenas mais uma condição da ação para o desenvolvimento válido e regular do processo, que iremos discorrer acerca da constitucionalidade do referido instituto.

O art. 625-D da Consolidação das Leis Trabalhistas, dispõe que:

Art. 625-D – Qualquer demanda de natureza trabalhista será submetida à Comissão de Conciliação Prévia se, na localidade da prestação de serviços, houver sido instituída a Comissão no âmbito da empresa ou do sindicato da categoria.

A luz da interpretação dada para o artigo em questão, por alguns doutrinadores, não merece prosperar a inconstitucionalidade deste, já que a tentativa de conciliação é um pré-requisito, uma condição para o ajuizamento da reclamação trabalhista, sendo, portanto, constitucional e estando em harmonia com o Poder Judiciário. Criado assim, mais uma condição da ação para o desenvolvimento válido e regular do processo, um novo requisito de viabilidade do provimento jurisdicional. Fato esse que não contraria nenhum dispositivo constitucional nem tão pouco fere o princípio do livre acesso à Justiça.

O doutrinador Raimundo Simão de Melo, citado por Almeida, reforçou esse entendimento acrescentando a título exemplificativo outros pressupostos processuais existentes no sistema jurídico brasileiro, que nunca foram passíveis de inconstitucionalidade, dentre eles: a prévia negociação coletiva, como pressuposto para o ajuizamento da ação de dissídio coletivo; o transcurso de um ano para o ajuizamento da ação revisional de dissídio coletivo; o esgotamento das instâncias desportivas privadas nos casos de disciplina e competições, nos termos da lei; e também o depósito prévio de 5% sobre o valor da causa, para o ajuizamento da ação rescisória no Cível.

Para Amauri Mascaro Nascimento, "as comissões de conciliação prévia não estabelecem óbice ao acesso ao Judiciário, garantido pelo art. 5º da Constituição Federal, na medida em que são instâncias prévias conciliatórias, e a comissão necessita produzir resposta à demanda em 10 dias, o que de forma alguma importa ser impedimento de ingressar com a ação no Judiciário. Quanto à obrigatoriedade de tentativa prévia de conciliação e ao acesso a jurisdição, é o sistema da Espanha país no qual não se pode introduzir-se com uma ação trabalhista, salvo exceções, sem antes tentar a conciliação, sob pena de carência da ação da Argentina, do Uruguai e, presentemente, igualmente da Itália, matéria administrada mais por convenções coletivas, ainda que exista uma lei processual."

Nessa perspectiva, alguns doutrinadores entendem que a prévia conciliação junto a Comissão de Conciliação Prévia, frente as novas relações de trabalho, caracterizadas pelos novos espaços de negociação entre o capital e o trabalho, ampliam os espaços de negociação. Revelando-se como meios alternativos de resolução de conflitos, pois contribuem positivamente para resolver lides e retirar da esfera judicial, toda e qualquer possibilidade de solução de um litígio. No cenário mundial, tais institutos também ganham espaço, pois em muitos países há uma ênfase ao princípio da autonomia privada.

Vale ressaltar, que até o Supremo Tribunal Federal manifestar-se acerca da inconstitucionalidade das comissões de conciliação prévia, as mesmas eram reconhecidas como um avanço, tanto pela representação dos empregadores e empregados, como pelas centrais sindicais, Justiça do Trabalho e Ministério Público do Trabalho. É o que se vê no portal, *in literis:*

> O Brasil vem buscando superar seu arcaico modelo de relações de trabalho, caracterizado por forte intervenção do Estado e pela prevalência do direito individual sobre o coletivo. Para gerar e preservar empregos busca também aperfeiçoar instituições que interferem no mercado de trabalho. A modernização da legislação trabalhista, seguindo a diretriz que privilegia o reforço à via negocial para a solução dos conflitos entre o Capital e o Trabalho, fortalece a atuação dos agentes sociais — tendo os sindicatos, nesse aspecto, papel de extrema relevância — e estimula a redução da intervenção estatal nesse processo. Com a Lei n. 9.958, de 12 de janeiro de 2000, passaram a ser criadas as Comissões de Conciliação Prévia, uma forma extrajudicial de resolver as demandas trabalhistas. Associadas à Lei do Rito Sumaríssimo (n. 9.957, também de 12.01.2000), que veio acelerar a tramitação dos processos judiciais trabalhistas, as Comissões de Conciliação Prévia contribuem para diminuir a enorme carga sobre a Justiça do Trabalho. Com isso, ganha o trabalhador que busca proteção, o qual teria que esperar, por vezes, vários anos até a solução definitiva da demanda, e ganha também o empregador, hoje onerado pela necessidade de manter uma estrutura jurídica complexa e pelos custos de sucumbência. Até o momento, já foram criadas 1.233 Comissões de Conciliação Prévia em todo o país, sendo que a grande maioria é de comissões intersindicais (73%). O Ministério do Trabalho e Emprego editou a Portaria n. 264, de 5 de junho de 2002, dispondo sobre o acompanhamento e levantamento de dados sobre essas Comissões, e sobre a fiscalização trabalhista em face da conciliação. Ademais, articulou-se com o Tribunal Superior do Trabalho, com o Ministério Público do Trabalho, com as Centrais Sindicais CGT, SDS e Força Sindical, com a Associação Nacional dos Sindicatos da Micro e Pequena Indústria, e com as Confederações Patronais CNC, CNT, CNF e CNA, resultando daí um Termo de Cooperação Técnica, assinado também em 5 de junho de 2002, para promover o aprimoramento do instituto das Comissões de Conciliação Prévia.

Porém, após o entendimento do Supremo Tribunal Federal de que a condição da ação de submissão do obreiro à Comissão de Conciliação Prévia afronta a Carta Política, por violar o contraditório e a ampla defesa, e os meios de recursos a ela inerentes, além de violar o livre acesso ao Poder Judiciário. Deixando assim, a Comissão de Conciliação Prévia, de ser um mecanismo alternativo de resolução de conflitos.

Por maioria dos votos do Ministro Marco Aurélio, Joaquim Barbosa, o STF entendeu que as comissões deveriam ser facultativas. ADI 2139-2000 DF. o que foi visto pelo Ministro Cesar Peluso como se o entendimento da Corte estivesse "na contramão da história" já que é apenas uma tentativa preliminar de solução de um conflito opcional e não imposto.

Por analogia, o voto do Ministro Milton de Moura França, do Tribunal Superior, que analisou a constitucionalidade do art. 118 da Lei n. 8.213/91, serve de fundamento para sustentar a tese da constitucionalidade do art. 625-B, § 1º e 625-D, da CLT, proferindo o seguinte entendimento: Vale dizer, deve o magistrado sempre partir da premissa segundo a qual o legislador, ao inovar o universo jurídico, prestigiou a ordem constitucional em vigor. Isso porque a declaração de inconstitucionalidade de uma lei é ato sempre traumático, na medida em que interfere na estabilidade e segurança das relações sociais, cuja preservação constitui objeto primordial do Direito. A presunção de constitucionalidade acima mencionada, aliada à decisão proferida pela Suprema Corte, conduz à conclusão de que o art. 118 da Lei n. 8.213/91 compatibiliza-se com a

Constituição da República em todos os seus aspectos. Nesse sentido, aliás, encontra-se jurisprudência desta Corte. Recurso não conhecido (TST – 4ª T. – RR – 357062-97.4 – Rel. Min. Milton de Moura França – DJU 24.3.00 – p. 173).

Em sentido contrário, na avaliação de Sérgio Pinto Martins, "o procedimento criado pelo art. 625-D da CLT não é inconstitucional, pois as condições da ação devem ser estabelecidas em lei e não se está privando o empregado de ajuizar a ação, desde que tente a conciliação. O que o inciso XXXV do art. 5º da Constituição proíbe é que a lei exclua da apreciação do Poder Judiciário qualquer lesão ou ameaça a direito, o que não ocorre com as comissões prévias de conciliação."

Corroborando com esse entendimento, alguns doutrinadores acreditam que a submissão prévia obrigatória dos litígios trabalhistas às Comissões de Conciliação Prévia, constituem mais uma condição da ação. Os doutrinadores que pugnam pela constitucionalidade defendem que o legislador pode criar mais condições da ação, além daquelas já conhecidas, que são possibilidade jurídica do pedido, interesse de agir e legitimidade para a causa, sendo essa submissão prévia obrigatória, também uma condição da ação. Como assevera Rogério Greco: "O direito de pedir a prestação jurisdicional, não é incondicional e genérico. Ele nasce quando a pessoa reúne certas condições previstas na legislação processual e de direito material."

O exercício do direito de ação não é absoluto, pois cabe ao legislador fixar as condições para prestação jurisdicional.

No mesmo sentido, Lima, confirma esse pensamento, afirmando que "a Constituição não regulamenta o acesso ao Poder Judiciário. Esta tarefa é cumprida por leis de natureza processual. É perfeitamente lícito a estas criar modalidades processuais diversas, com características, pressupostos e consequências próprios."

O procurador do TRT da 18ª Região, Marcello Ribeiro Silva, adota a mesma linha de raciocínio:

> "Data vênia das opiniões em contrário, penso que o procedimento instituído pela lei em comento não fere o princípio da inafastabilidade do controle jurisdicional cristalizado no referido art. 5º, inciso XXXV, da Carta Magna, pois apenas cria uma nova condição da ação individual trabalhista, a exemplo do que já ocorre com o dissídio coletivo de natureza econômica".

Outro fator relevante a ser considerado acerca da constitucionalidade da Comissão de Conciliação Prévia, é o fato de que ainda que fracassada a tentativa de conciliação, antes de ajuizar a Reclamação trabalhista, não há óbice para o obreiro de ingressar com uma ação junto ao Poder Judiciário, pois não priva o empregado de ajuizar a ação, somente estabelece que deve, antes, tentar uma conciliação.

4. Considerações finais

Nesse interim, o presente artigo comprovou que as Comissões de Conciliação Prévia, apesar de apresentam problemas podem colaborar para alcançar a paz social, colaborando para um resultado positivo na consecução dos direitos laborais, funcionando como um meio ampliativo e alternativo para solução dos conflitos trabalhistas. Ressaltando-se, no entanto, a necessidade de que as comissões sejam constituídas por membros competentes, treinados, e com capacidade técnica para estimular as partes a realizarem uma conciliação justa. Partindo desse princípio, faz-se necessário ainda o aprimoramento e amadurecimento do sistema sindical, sem, no entanto, flexibilizar ou desregulamentar os direitos sociais e trabalhistas já assegurados pelo direito brasileiro.

Constatou-se que, diante do estrangulamento da Justiça do Trabalho em todos os seus graus de jurisdição, até na fase de execução, momento processual destinado à satisfação dos créditos trabalhistas já reconhecidos, após o transito em julgado, como devidos. O direito laboral brasileiro produz os frutos de uma justiça assoberbada pelo excessivo número de demandas, lenta e que não atende de forma célere às reclamações trabalhistas. Nesse cenário, a resolução de tais demandas pelas CCPs no âmbito da Justiça Laboral é vista como uma técnica indispensável de pacificação social e de condução à *ordem jurídica justa, ficando a cargo dos magistrados as lides mais complexas não passíveis de acordo.*

Concluiu-se, portanto, que a *pretensa inconstitucionalidade, vislumbrada por alguns, na obrigatoriedade da passagem prévia da demanda perante a comissão de conciliação, não merece prosperar, pois as comissões de conciliação prévia não constituem óbice ao acesso ao Judiciário, e sim* mais uma condição da ação para as lides individuais trabalhistas, é na verdade um pré-requisito, uma condição para o ajuizamento da reclamação trabalhista e não viola a norma constitucional expressa no inciso XXV do art. 5º da CF/88, sendo constitucional e estando em harmonia com o Poder Judiciário, contribuindo decisivamente para a efetividade do processo e a satisfação dos cidadãos.

5. Referências bibliográficas

BRASIL. Constituição (1988). *Constituição da República Federativa do Brasil*. 33. ed. São Paulo: Saraiva, 2013.

_____. *Consolidação das Leis do Trabalho*. 14. ed. São Paulo: Saraiva, 2014.

_____. Ministério do Trabalho e Emprego. *Comissões de conciliação prévia*: manual de orientação. 3. ed. Brasília: SRT, 2002.

_____. Ministério do Trabalho e Emprego — MTE. *Comissão de Conciliação Prévia*, 2013. Disponível em: <http://portal.mte.gov.br-ass_homolog-comissao-de-conciliacao-previa.htm>.

BARBOSA, Rui. *Oração aos moços*. 5. ed. Rio de Janeiro: Fundação Casa de Rui Barbosa, 1997.

MARTINS, Sérgio Pinto. *Comentários à CLT*. 5. ed. São Paulo: Atlas, 2002.

_____. *Comissões de conciliação prévia e procedimento sumaríssimo*. 2. ed. São Paulo: Atlas, 2001.

_____. *Direito processual do trabalho*: doutrina e prática forense; modelos de petições, recursos, sentenças e outros. 17. ed. São Paulo: Atlas, 2002.

_____. *Direito processual do trabalho*. 34. ed. São Paulo: Atlas, 2013.

NASCIMENTO, Amauri Mascaro. *Curso de direito do trabalho*: história e teoria geral do direito do trabalho, relações individuais e coletivas do trabalho. 17. ed. São Paulo: Saraiva, 2001.

_____. *Curso de direito processual do trabalho*. 20. ed. São Paulo: Saraiva, 2001.

PASSOS, Edésio. *As críticas sobre as comissões de conciliação prévia*. Disponível em: <http://www.e-juridico.com.br-noticias-exibe_noticia.aso?grup=5&codigo-7720> Acesso em: 5 out. 2003.

WATANABE, Kazuo. Acesso à justiça e sociedade moderna. In: GRINOVER, Ada Pellegrini; DINAMARCO, Cândido Rangel; WATANABE, Kazuo (Coords.). *Participação e processo*. São Paulo: Revista dos Tribunais, 1988.